자기주도
교육으로
체인지하라!

지성·인성·영성을 키우는 체인지 인문교육

자기주도 교육으로 체인지하라!

심현진 지음

바이북스
ByBooks

감사의 글

이 책을 출간하기까지 감사한 분들이 많다. 나를 비전 멘토로 다듬어가시고 존귀한 인생 여정을 걸어갈 수 있도록 이끄시는 나의 진정한 비전 멘토되시는 하나님께 가장 먼저 감사드린다.

치열한 삶의 현장에서 누구보다 성실하게 사시며 명품 가정의 토대를 마련해 주신 나의 아버지, 51년이라는 시간 동안 성경 말씀대로 삶을 사시며 예수 그리스도의 향기로 인생의 본질과 방향성을 멘토링해 주신 천사이셨던 나의 어머니. 신앙의 명품 가정을 이루도록 밤낮 기도와 사랑으로 품어주신 장인어른, 장모님.

마지막 시대의 참 목자로 주의 말씀대로 목회하시며 명품 가정의 비밀을 깨닫게 도와주신 나의 영적 아버지이신 백향목교회 박상완 목사님.

나로부터 비롯되는 변화를 통해 세상에 선한 영향력을 나누는 삶의 모델이 되어, 독서와 바인더를 통해 2년이라는 짧은 시간동안에도 크게 성장할 수 있도록 도와주신 3P자기경영연구소의 강규형 대표님.

20년 넘도록 다음세대의 전인격적 인성 교육을 바탕으로 수용성을 길러줄 핵심 역량을 체계화시켜 '5차원 전면교육'을 대한민국에 선물하신 원동연 박사님.

시대 변화의 흐름을 읽는 통찰력으로 프로젝트 능력이 미래 인재의 핵심 역량인 것을 알고 그것을 지속해서 개발하고 발휘할 수 있도록 '비주얼 매핑, 씽킹' 도구를 개발해주신 ㈜심테크시스템의 정영교 대표님.

명품 인생과 자녀 교육의 온전한 비밀을 성경적 원리에서 찾아내 '비전 멘토링'을 체계화시켜주신 비전멘토링 인터네셔널 대표 샬롬 킴 박사님.

홍콩 비즈니스 트립을 통해 인생의 주체로서 자기 자신도 몰랐던 반응점과 열정점을 찾을 수 있도록 도와주신 블레싱컨설팅의 경진건 대표님.

운명적 만남을 통해 다음세대 교육과 가정의 회복을 위해 물심양면 후원해주시는 영적 동역자이자 친구인 ㈜넥시스의 최민혁 대표님.

다음세대 영혼을 사랑하고 대한민국 10대를 위한 교육 플랫폼과 교육 공동체를 꿈꾸며 비전을 함께 나누며 동행하는 ㈜디피어소시에이츠 박길홍 대표님. 예봄 어린이집 송승은 원장님, 박기태 장로님.

체인지 센터 교육의 확장을 위해 시스템의 중요성을 알려주신 김형환 교수님. 체인지 센터의 교육과 다음세대를 위해 물심양면 지원해주신 ㈜감성 글로벌 이종현 대표님.

대한민국 창의 인재양성을 위해 연결짓는 습성을 키워주는 수학 콘텐츠를 20년간 개발, 보급해주신 말하는 원리수학 대표님. 체인지 센터의 바른 교육을 위해 말하는 원리수학과 대한민국 교육을 이끄는 많은 분을 연결시켜주신 봉담 더포스어학원 김도경 원장님.

체인지 센터를 세울 때 인테리어 비용이 없어 기도만 하던 중, 보이지 않는 손길로 조용히 섬겨주신 ㈜상동산업 하동균 대표님, 김경옥 권사님.

같은 영성과 인성, 지성을 함께 공유하며 다음세대 교육을 위해 늘 함께하는 5개 국어 가능한 윤스키 대표. 체인지 센터 오픈할 때 원주에서부터 한 걸음에 달려와 땀 뻘뻘 흘리며 청소해 준 지강현 형제. 젊은 나이이지만 인생과 비즈니스의 본질을 알고 삶으로 살아가는 멘티이자 나의 블로그 멘토 에이티투 박진영 대표. 3P자기경영연구소에서 만나 독서와 정리력으로 성장 동력을 제공해 준 비니하니의 영원한 삼촌 이재덕 마스터.

처음 사역하는 초보 전도사를 품어주시고 바른 목회를 할 수 있도록 멘토가 되어 주신 방주교회 김두형 목사님. 목사 안수를 받기까지 많은 은혜를 베풀어주신 수원새중앙교회 안동찬 목사님.

이 책이 출간되기까지 글쓰기와 책쓰기 과정에 직접적으로 큰 도움을 주신 이은대 작가님과 바이북스 윤옥초 대표님.

우리 가족의 건강을 위해 정성 가득한 탕약으로 아낌없이 후원해 주고 있는 대한민국 명의이자 나의 오랜 벗, 더나은 한의원 정윤석 원장. 가장 어려울 때 규빈이 아토피 치료에 1년간 앰브로토스를 아낌없이 후원해 주신 조재숙 처형.

12년간 비전공동체를 꿈꾸며 끊임없이 기도하며 비전을 나눠주신 배주원 사장님, 배신애 사장님.

미래시대를 살아가기 위한 핵심 역량인 빅 픽처, 9번째 지능, 서번트 리더십을 키워줄 수 있는 미래저널을 세상에 나누고 계신 웨신대 미래 교육 리더십 박병기 교수님. 토니부잔의 마인드맵을 한국형으로 최적화시켜 스킬이 아닌 사랑으로 마인드맵을 코칭해 주신 현상진 선생님.

지금까지 체인지 인문교육 코칭센터의 바른 교육을 응원하며 매달 후원해주고 계신 김신혜 어머니, 김태진 선배님, 김은정 선배님.

체인지 인문교육 코칭센터에서 만난 사랑스러운 비전 멘티들 곽성우, 권오민, 권현민, 김도현, 김민재, 김연후, 김예린, 김예준, 박병현, 박성웅, 박정웅, 박정은, 심하준, 심하윤, 염진혁, 오현준, 원태웅, 유도윤, 유정인, 유주안, 윤지섭, 윤하은, 윤여완, 이주원, 이지윤, 이영광, 이형진, 임하임, 임라임, 조수영, 조승규, 조예준, 현승환, 현태환

이 지면을 빌려 모두에게 감사의 마음을 전한다.

끝으로 삶의 우여곡절 속에서도 하나의 비전을 바라보며 믿음, 소망, 사랑으로 동행해준 나의 반쪽 이지혜, 내 인생의 진정한 멘티이자 나의 멘토되는 비니하니에게 "고마워요. 사랑해요."라고 말하고 싶다.

강규형((사)대한민국독서만세(독서포럼나비) 회장,
㈜3P자기경영연구소 대표)

준비된 건물주 vs 실패한 맹모

중학생 아들의 절규다.

"저는 건물주 될 준비 다 되었는데……, 문제는 엄마, 아빠가 준비가 안 되었다는 겁니다."

엄마의 한숨 섞인 대답이다.

"맹모삼천지교(孟母三遷之敎)의 '맹자 엄마'는 많은데……, 문제는 '맹자'가 없다는 사실이란다."

우스갯소리지만 요즘 세태를 반영하는 이야기다.

학교의 수명이 끝났다는 말도 있다. 세계미래학회(WFS)에서도 "앞으로 공립학교가 없어지고 교육의 공장형 모델이 교체되면서 2030년에는 교사마저 사라질 것이다"고 말한다. 충격적이지만 코로나 이전의 연구라 2030년까지도 갈 것 같지 않다. 코로나 덕분에 훨씬 빨리 한 번에 앞당겨졌다.

전 세계적으로 학교 담장이 무너지고 있다. 미국 대학은 한 학생이 여러 개 대학의 원하는 강의만 온라인 수강하는 것이 가능하다고 한다. 심지어 무크(MOOC)는 하버드, MIT, 스탠퍼드 대학 강의를 무료로 들을 수 있다. 그렇다고 공교육에 돌을 던지자는 것이 아니다. 자녀 교육의 책임이 학교에 전적으로 있지 않다는 것을 알기 때문이다. 자녀 교육을 오전과 오후에는 '학교'에 아웃소싱한다. 저녁에는 '학원'에 밤과 모든 여가시간을 '게임'과 '핸드폰'에 아웃소싱하는 것이 현실이다. 도대체 엄마 아빠의 밥상머리 교육은 언제 하는지……, 엄마, 아빠의 자녀 교육 철학은 언제 어떻게 전달하는지 …… 교육관과 철학은 존재하는지 궁금하다.

그것이 없다면 자녀 교육의 근거와 기준은 '옆집 아줌마'나 '돼지 엄마'가 될 것이다.

좋은 나무 & 인성 열매

가난 속에서도 9남매를 모두 명문대 석·박사로 키운 감동적인 책이 《인성 교육의 기적》(래리C. 해리스/다산북스)이다.

소아과 의사인 저자의 부모 해리스 부부는 대학을 졸업한 지식인도, 넉넉한 살림을 가진 것도 아니었지만 오로지 '인성 교육의 원칙'을 지켜 9남매를 모두 석·박사로 키워내는 기적을 일궜다. 이들 부부의 원칙에는 과학적인 근거나 복잡하고 거창한 이론 따위는 없다. 단지 성실하고 정직한 말과 행동을 몸소 보여주며 부모로서 중심을 지켜 갔을 뿐이다. 시대와 세대를 초월해 언제나 지켜야 하는 부모의 원칙들이야 말로 자녀를 훌륭한 인재로 키우는 최고의 방법이다.

이 책에 소개 된 '아이를 훌륭하게 키우는 14가지 인성교육 원칙'
과 이 책의 내용은 놀랍도록 닮았다. 좋은 나무가 좋은 열매를 맺는
것은 상식이다. 심현진 저자는 소위 잘나가던 목회를 잠시 접고 제
가 운영하는 3P자기경영연구소 교육과정을 거의 대부분 섭렵했다.

이후 가정교육, 인성교육에 기초한 교육 공동체 〈체인지 인문교
육 코칭센터〉를 열었다. 전국 각지에서 많은 가정들이 합류해 대치
동, 분당을 포기하고 기꺼이 용인 동백으로 몰려들었다. 열매를 확
인했기 때문이다.

보석

저자의 두 아들 규빈이 규한이는 반짝이는 보석이다. 매일 아침
새벽 6시에 일어나 한 시간 반 독서하고 마인드맵으로 본깨적하고
토론하는 아이를 본 적 있는가. 바인더로 주간 계획표 쓰면서 시간
관리하는 아이를 본 적 있는가. 500여 명, 2박 3일 단무지 독서캠프
에서 어질러진 행사장을 마지막까지 남아 청소하고 정리하는 아이
를 본 적 있는가. 게다가 운동과 스포츠 만능에 독서왕, 자기주도 학
습뿐 아니라 내면과 인성이 더욱 아름답다.

규빈·규한 두 보석의 미래가 더욱 궁금하지만 지금 그들을 볼
수 있다.

이 책을 여시라.

그 빛을 보시라.

추천사

원동연(DGA 디아글로벌학교 설립자)

자녀를 키운다는 것은 생소한 다른 나라의 도심에서 약속 장소를 찾아가는 것처럼 어려운 길입니다. 다른 사람에게 들은 정확하지 않은 이야기가 어떤 때는 더 어려운 길로 가게 하기도 합니다. 이런 때에 저자의 자녀 교육에 대한 이야기는 치열하게 그 길을 알기 위해 애써온 경험의 결정체라 아름답게 느껴지기까지 합니다.

좋다고 시작한 교육도 부모가 확신이 없으면 결국 더 멋있는 말에 설득당할 수밖에 없으며, 또 다른 길을 찾아가게 됩니다. 그러므로 자녀가 가야 할 길을 부모된 우리가 먼저 체험하는 것이 중요합니다. 자녀가 교육실험의 대상이 되어서는 안 되기 때문입니다. 이런 의미에서 저자 가정의 귀한 교육적 체험을 이 책을 통해서 우리는 간접체험해 볼 수 있는 귀한 기회를 가질 수 있을 것입니다.

우리 아이들은 거대한 돌풍에 의해서 앞이 잘 안 보이는 것 같은 미래시대를 살아가게 됩니다. 이들은 본질적인 전인격적 교육을 기반으로 하여 어떤 상황에서도 흔들림 없이 살아가야 하며, 아울러 매 상황에 부딪치는 문제를 창조적으로 해결해나갈 수 있는 사람으로 길러져야만 합니다. 이 책이 이러한 자녀를 길러내는데 필요한 에너지를 우리에게 제공해줄 수 있기를 기대합니다.

추천사

정영교(㈜심테크시스템 대표이사, 한국 시뮬레이션학회 부회장,

마인드맵 국제공인지도사)

여러 분야의 사람들이 하나의 프로젝트를 중심으로 초 연결되고 각자의 전문능력을 융/복합하여 공동의 목표를 달성하는 것, 이것은 앞으로 20년이 아니라 빠르면 10년 안에 우리가 보게 될 전형적인 사회활동의 모습이다. 2050년 한국 사회의 근로자 중 50%는 프리랜서 형태로 일하게 될 것이라고 미래학자는 예측한다. 우리의 자녀는 앞으로 프로젝트의 정글 속에 살게 된다고 해도 과언이 아니다. 앞으로의 세상은 힘을 합치는 단순한 협동을 넘어 정교하게 짜여진 역할분담과 유기적인 팀 플레이를 하는 "협업" 능력이 중요해진다. 이를 위해 필요한 것은 개인의 IQ, EQ가 아니라, 디지털 정보와 도구를 활용하여 사고하고, 소통하고, 관리하며, 학습하는 입체적인 능력, 즉 개인의 디지털 프로젝트 역량(PQ: Project Quotient)인 것이다.

우리 사회가 오늘날 누리는 모든 것은 남다른 교육열의 결과이다. 그러나 급변하는 패러다임 앞에 우리 사회는 변화(Change)해야한다. 모든 잠재력을 갖춘 "미래 G2 대한민국"에게 가장 시급한 변

화는 교육에 있다. 지금 중학생이라면 2040년 대한민국의 경쟁력 최전선에 서 있게 될 것이다. 창의·인성·영성을 핵심 주제로 다루고 있는 본 책은 미래 사회가 요구하는 미래 역량을 이해하고자 하는 학부모에게 큰 도움이 될 것이다.

박상완(백향목교회 담임목사)

심현진 목사와 함께 담임목사와 부목사로 동역한 기간이 8년이다. 동역하는 동안 지금까지 경험한 부목회자와는 다른 관계와 교제가 있었다. 서로가 아픔이 있는 가정에서 자란 공감대도 있었고, 서로의 영성과 비전이 일치하는 부분이 많았고, 부목사로서 담임목사설교를 듣고 은혜 받고 변화되는 경험이 많지 않은데, 어느 부목사 부부보다 은혜 받고 가정사역을 통해 변화가 일어나는 모습을 봤다.

두 사람의 하나님, 목회자, 사람과의 관계에서 회복되는 변화의 분량만큼이나 두 자녀 규빈이와 규한이가 탁월한 자녀로 성장하는 모습을 지켜보는 기쁨이 있었다.

담임 목사로서 사도바울이 디모데와 디도를 신뢰하고 신임하듯 나도 그런 마음으로 신임했다. 몇 년이 지나 하나님의 때와 섭리가 있어 다음세대 사역으로의 부르심에 대한 확신이 있었다.

칭찬하고 싶은 것은, 교회 부임할 때도 철저한 믿음과 성령의 인도를 받았고 떠날 때도 믿음으로 성령의 인도를 찾아 떠나는 현대사회에서 보기 드문 믿음의 사람인 것을 보았다.

지금 사역의 자리에서 행복하고 열정적으로 변하는 모습을 지켜보았다. 재정적으로 힘들고 어려울 텐데도 그것을 뛰어넘는 비전 성취의 과정을 봤고, 아름다운 열매를 봤고, 내가 처음 만났을 때 봤던 두 사람 속에 있는 영적인 파워, 비전, 이 시대를 향한 사역의 열매를 체인지 센터 사역 현장에서 동일하게 보며 그 모습이 참 아름다웠다.

보낼 때 마음이 아팠지만 하나님의 뜻이라는 확신을 갖게 되면서 하나님과 사람 앞에 주저함 없이 이 책의 모든 내용이 진실이고 체험적이고 참된 열매라는 사실을 증인으로 보증하고 추천하는 바이다.

본인의 목회 방침이 개인의 영성, 교회, 가정, 직장, 전인건강의 조화인데 심 목사 부부는 그 부분이 나와 일치했고 탁월하게 잘하고 있다. 가정사역을 전공하고 상담학을 전공한 목사로서 이 책을 평가할 때 가정의 문제, 자녀의 문제들의 이론을 뛰어넘어 실제적이고 영적으로 정서적으로 교회와 가정의 질서와 변화가 일어나며 명문가정, 명품 자녀로서 치유되고 회복되고 변화되는데 절대적인 도움을 줄 수 있는 책이다.(이론도 탁월하고 지식도 정립되어 있지만 실제적인 도움이 될 수 있는 지침서 내지 네비게이션 같은 책으로 추천한다.)

한국교회에 관한 수많은 책들이 출판되는데, 이 책은 숨겨진 보물같은, 질그릇 속에 담겨진 보배같은 책으로 모든 부모와 가정에 유익한 자녀 교육 지침서, 명품 인생 안내서가 될 것이라 확신한다.

'부모 사랑 내리사랑'

두 아들을 처음 품에 안았을 때 비로소 '부모 사랑 내리사랑'이라는 말이 이해됐다. 동서고금 모든 부모가 느꼈듯이 두 자녀가 정말 사랑스러웠다. 모든 것을 다 주고 싶었다. 잘 키워야겠다고 다짐 또 다짐했다. 그리고 잘 키운다는 것은 어떤 것이며, 그 기준은 무엇인가를 고민했다. 주변의 부모들을 둘러보았다. 이 질문 앞에 대부분의 부모는 좋은 교육의 기회를 제공하고 명문대학에 진학시키는 것을 답으로 생각하는 듯 보였다.

세상 많은 부모가 내리사랑으로 무장되어 자녀를 위해 많은 것을 희생한다. 자녀를 위해 맞벌이를 하고 먹고 싶은 것, 입고 싶은 것 참아내며 자녀 교육을 위해 대부분 시간과 돈을 사용한다. 이런 열정과 헌신이라면 그 사랑을 누린 자녀들은 행복에 겨워야 할 것이다. 보란 듯이 지성, 인성, 영성을 겸비한 반듯한 모습으로 자라고 있어야 할 것이다. 소원하던 자녀의 성공적 모습을 지켜보는 부모역시 행복감을 만끽해야 할 것이다. 그런데 대부분 가정은 정반대의 그림을 그려가고 있다. 부모는 부모 나름대로 희생에 벅차 하고, 자녀는 자녀 나름대로 힘들어하면서 서로 불만이 가득한 모습뿐이다.

나는 15년간 크고 작은 교회의 교육 담당 목회자로 일하면서 수

천 명의 아이와 함께했다. 그들이 성장하는 모습뿐 아니라 누구보다 아이들을 사랑하고 최선을 다해 자녀 교육에 힘쓰는 부모를 지켜볼 수 있었다. 지켜본 결과는 절망적이었다. 교회공동체 안에서 봤을 때 부모들은 두 마리의 토끼를 모두 놓치는 것 같았다. 자녀들이 신앙이 무너지는 것은 물론이고, 바른 인성과 좋은 습관을 갖추지 못하는 모습, 성적 또한 좋지 못한 모습을 자주 보았다. 오랫동안 성경을 가까이한 아이들인 데도 불구하고 부모를 공경하거나 이웃을 사랑하지 못하는 경우가 수두룩했다. 개인적으로 만나 상담하는 아이들 대부분은 부모에 대한 분노로 가득 차 있었다.

오래전 일이다. 수련회 중에 중학교 2학년 학생이 상담 요청을 했다. 이런저런 고민을 나누었는데, 그 친구의 입에서 나온 마지막 말이 충격적이었다.

"엄마를 죽이고 싶은 충동이 올라와요."

충격을 감추며 애써 태연하게 그 친구의 마음을 만져주었다. 부모의 입장도 어느 정도 대변해주면서 상담을 마무리했다. 상담 이후 정말 많은 생각을 했다. 그 친구는 학급에서 1, 2등을 유지하는 학생이었다. 학생의 어머니는 자녀 교육을 위해서라면 물불 안 가리고 시간과 비용을 쏟아 붓는 분이었다. 집안 사정도 넉넉해 해마다 해외여행을 다녀오는 가정으로, 여러모로 모든 어머니의 부러움을 사는 가정이었다. 그런데 무엇이 문제일까? 이후 수많은 가정과 함께 동고동락하면서 발견하게 된 점은 어쩔 수 없이 부모에게 문제가 있다는 사실이었다. 학생의 부모는 자기만의 방식대로만 자녀를 교육하고 있었다. 교육의 자리에 학생의 자리는 없었다.

실제로 문제 있는 아이들의 가정을 들여다보면 부모에게서 문제의 원인을 어렵지 않게 발견할 수 있었다. 대체로 부모만의 교육 방식이 갈등을 일으켰다. 조금 더 구체적으로 표현하자면, 부모는 최적화된 교육 방법을 찾아 이리저리 기웃거리고, 남들이 좋다고 하는 방법을 이것저것 시도하는데, 결국 그것은 입시 중심과 결과 중심의 선행학습 수준에 머문다는 것이다. 그 방식을 자녀가 적극적으로 따라 주지 못할 때 가족 사이에 상처가 생기는 것이다. 부모가 입시 교육이 자녀 교육의 전부인 것처럼 생각하는 가운데 부모의 역할, 가정의 기능에 소홀하다 보니 자녀의 지성, 인성, 영성에 부작용이 날 수밖에 없는 것이다.

자녀 교육의 원리는 가정에서 찾아야 한다. 학교나 학원에서 자녀 교육의 본질을 절대 채워줄 수 없다. 자녀 교육에서 중요한 것은 '좋은 성적'이 아니라 '좋은 사람'이다. 하지만 자녀를 키워본 사람은 알 것이다. 이 사실을 알고 우선순위를 바로 세워도 지속해서 실행하기가 쉽지 않다. 인성 교육이 중요하다는 사실을 절감하는 상황 속에서도 성적 중심 교육으로 가고 있는 대부분의 주변 부모들을 보면 마음이 흔들리기 마련이다. 인성만 강조하다가 뒤처질까 두려운 마음이 엄습해온다. 어렵게 마음을 다잡아도 어떻게 자녀 교육을 해야 할지 몰라 전전긍긍하다 때를 놓치는 경우가 허다하다. 결국 극과 극으로 갈리는 양상을 보이게 된다. 인성을 포기하거나 성적을 포기하거나.

나의 두 아들, 규빈이와 규한이가 태어나기 전 마음에 소원했던 한 가지가 있었다. 두 자녀를 사교육에 얽매이지 않고 지성, 인성, 영성을 겸비한 미래 인재로 키우되 가정의 화목을 바탕으로 하는 행복한 명품 가정이 되어 바른 자녀 교육 모델을 세상에 알리는 것이다. 하지만 우리 가정도 예외 없이 위기가 있었다. 그 위기는 가정 안에서 지속적으로 찾아왔다. 그럴 때마다 탓하거나 포기하는 대신 '내가 먼저 바로 서자'는 다짐을 했다. 오히려 그 위기를 스스로를 돌아보게 하는 불쏘시개로 삼은 것이다.

나는 매일 새벽 4시에 새벽예배 준비로 출근하고 금요일이 되면 자정 넘어 집에 들어오는 열악한 환경 속에서도 최선을 다해 두 아들과 소통하며 유대감을 갖기 위해 노력했다. 그 노력은 두 아들, 비니하니(규빈이의 '빈'과 규한이의 '한'에서 따온 호칭)를 인간답게 키우기 위함이었다. 문제를 몇 개 더 맞히고 영어 단어 몇 개 더 외우는 일보다 인성을 제대로 갖추는 일을 우선으로 내세웠다. 그것이 효과를 보았을까? 실제로 주변의 많은 분들이 비니하니의 인성에 대해 칭찬을 많이 해주었다. "우리 아이들도 어릴 땐 착했어요. 중학교 올라가면 상황이 달라집니다"라며 굳이 자신의 인생 경험담(?)을 꺼내 예언(?)을 해주는 분도 있었지만, 크게 개의치 않았다.

시간이 흘러 지금 규빈이는 중학교 2학년, 규한이는 초등학교 6학년이 되었다. 감사하게도 지난날 그분들의 '예언'이 아직 이루어지지는 않았다. 바람직하고 놀라운 일들이 상당히 많았다.

제 1회 전국 정약용 인문학 콘서트 대회 우승, 유럽 여행권 획득

경기 꿈의학교 기획자 꿈짱

제5회 창의과학 경진대회 전체 2등(인성골든벨)

용인시 체육회장배 800m 육상대회 금메달

전국 단무지 10주년 독서캠프의 핑크펭귄

홈스쿨러로 전국 1,000명 황금인맥

시간, 목표, 삶을 바인딩하는 비저너리(50년 인생계획을 마친)

씽크와이즈 마인드맵핑하는 프로젝트 능력자

스마트폰 사용 Zero! 코로나19 이후 원리수학 6,000개 영상 찍기(자기

주도학습)

이런 놀라운 변화와 성장은 비니하니에게만 일어나지 않았다. 체인지 인문교육 코칭센터에서 진행하는 '울트라 멘토링 프로젝트'에 함께하는 친구들 가운데 학원 주도형이었던 평범한 중하위권 중1 남학생이 1년 만에 완전 자기주도형 학생이 되어 첫 만남에 약속했던 '중 3때 전교 1등 하기'가 가능한 학생이 되었다. 얼마 전까지만 해도 하루에 8시간 가까이 스마트폰을 달고 살았던 중3 남학생이 하루에 10분 미만으로 폰을 사용하고 새벽 5시까지 원리수학과 영어공부를 하며, 매일 자신의 하루계획과 실천결과를 이제는 영어로 소감을 나누면서 진정한 성취습관을 쌓아 원대한 인생 비전을 세워가는 등, 멘토링 공동체 안에서의 변화는 함께하는 부모들의 입을

다물지 못하게 하는 지경이다.

나는 그 흔적들을 블로그에 글과 영상으로 기록해 놓았다. 이제 그 기적이라고 불리는 기록들을 책 한 권에 고스란히 담아 독자들과 나누고자 한다.

이 책은 어떻게 자녀를 교육해야 할지 갈피를 못 잡는 모든 부모를 위한 책이다. 특별히 4차 산업혁명 시대를 멋지게 맞이할 수 있는 지성, 인성, 영성을 겸비한 전인적 미래 인재로 키움과 동시에 행복한 명품 가정을 세우고 싶은 부모를 위한 책이다. 시대가 급변하면서 부모들은 지금껏 경험하지 못한 새로운 패러다임의 시대를 마주하고 있다. 이전 시대의 성공 방정식에 맞춘 자녀 교육법만으로는 부족한 시대이다. 따라서 그 성공 방정식만 고수하는 이들에게는 생소한 이야기일 수 있다. 이 책은 교육의 답, 행복의 답은 바로 가정에 있음을 강조하고 있기 때문이다.

자녀 교육 방법론에 관한 탁월한 책들은 수없이 많다. 이름만 들어도 알 만한 교육학 전공 전문가들의 명저서에 비하면 나의 책은 초라하기 짝이 없다. 나는 교육 관련 전공도 하지 않았다. 다만 우리 가족이 실제로 살아온 경험을 통해 축적해온 자녀 교육 방법의 작은 비결들을 이야기를 통해 전달했다. 15년이라는 시간 동안 대한민국 부모로서 치열하게 노력하고 세밀하게 성찰한 과정과 그 열매를 담아냈다.

부디 이 책을 통해 아직 경험하지 않은 자녀와 가정의 미래를 비춰보고, 자녀 교육의 골든타임을 놓치지 않는 부모가 되기를 소망한다. 나아가 지성, 감성, 영성, 인격, 전인 건강의 조화를 이루는 명품 자녀로 키우고, 소통과 유대감 가득한 행복한 명품 가정을 이루기를 간절히 기도한다.

차례

감사의 글 • 4

추천사 • 8

들어가는 말 • 16

준비, 체인지 인문교육

무서운 아버지와 행복하고 싶었다 • 28

행복을 쌓는 스펙 쌓기 • 35

사랑하는 도둑님에게 • 42

아프지만 특별한 선물 • 47

6만 원짜리 양복에 깃든 값비싼 행복 • 52

수석 졸업 아내와의 교육적인 대화 • 56

지(智) · 덕(德) · 체(體)로 체인지하는 교육

비니하니 부모가 일으킨 맹모삼천지교의 바람 • 62

대한민국의 핑크 펭귄을 꿈꾸며 • 67

3:4:3의 법칙으로 성장하기 • 72

자녀 교육의 목적을 정하고 소통하라 • 76

부모의 그림자를 아름답게 • 86

비전을 품고 광야로 • 92

5차원 전면교육으로 미래 인재를 꿈꾸다 • 99

공부가 싫다면 비전 멘토링으로 • 104

진짜 수학자를 만나다 • 109

원수를 사랑하는 사람으로 살기를 • 115

인성 골든벨을 울리다 • 120

체력도 금메달! • 126

핑크 펭귄이 되다 • 132

유럽 여행 vs 400만 원 • 136

작전명 '모드 전환' • 146

어릴 때부터 프로젝트 • 152

우리 동네 예절 대장 • 157

황금 인맥을 뜨는 숟가락 • 161

부산을 여행하며 얻은 것 • 165

웃음 부자 비니하니, 2020년에도 웃는다 • 170

미래 인재로 키우는
진짜 자기주도 교육의 비밀

화이트보드의 힘 • 178

스마트폰은 임파워먼트로 • 183

주말엔 게임으로 • 189

가슴 설레는 미래 저널 • 197

성공으로 가기 위한 비밀 병기 • 202

행복한 삶을 만드는 바인더 • 208

미래 인재를 그리는 마인드맵 • 213

씽크와이즈로 PQ 지수를 높여라 • 218

영상으로 피드백하라 • 223

세상이 변해도 변하지 않는 독서의 가치 • 230

위대한 유산, 블로그 • 235

골든타임은 밥상머리에서부터 • 243

성공의 열쇠, 가족 • 248

미래를 살리는 원 워드 • 252

교육의 본질 그리고 가정 • 257

프레임을 리프레임하라 • 261

마치는 말 • 269

CHAPTER
1

준비,
체인지
인문교육

무서운 아버지와
행복하고 싶었다

"정말요? 그렇게 안 보이는데요?"

우여곡절이 많은 내 인생 스토리를 처음 듣는 사람들이 공통적으로 하는 말이다. 특히 부모들을 많이 상대하는데, 그들과 삶의 이야기를 나누다 보면 약속이나 한 듯이 이런 반응이 나온다. 부모들의 선입견처럼 나는 특별한 사람이 아니다. 대한민국에서 지극히 평범하게 자란 남자이다. 얼굴이 잘생기지도, 키가 크지도 않다. 어린 시절 학교 교실에서는 절대로 눈에 띄지 않는 아이였다. 내가 좋아하는 색은 오랫동안 보라색이었는데, 어린 시절을 추억하면 검푸른 보랏빛으로 가득 채워진다.

나는 1979년 컬러 TV가 생산된 해에 태어났다. 그런데 그때 방송은 흑백으로만 송출할 수 있어 컬러 TV가 있어도 흑백 영상을 보아야만 했다. 나의 어린 시절 추억도 컬러 TV로 보는 흑백 영상과 같다. 선명하면서도 아련하다.

내 삶에 가장 큰 영향력을 미친 사람은 아버지와 어머니다.

열일곱 어린 나이에 맨몸으로 서울로 상경해 자수성가하신 아버지. 누구보다 열심히 일하셨던 아버지는 이른 나이에 개인택시를 소유할 만큼 열정과 추진력이 대단하셨다. 오전에 차를 몰고 나가면 새벽이 되어야 들어오는 아버지의 수고는 담배 연기와 술병과 비례했다. 아버지가 열심히 일할수록 집 안에는 담배 연기가 가득 차고, 술병이 차곡차곡 쌓여갔다. 아버지는 그렇게 숨통을 틔우며 살았다. 어머니는 고생하는 아버지를 위해, 또 가족을 위해 매일 새벽 눈물로 기도했다. 나는 그런 헌신적인 부모 밑에서 2남 중 장남으로 매일을 살았다.

아버지는 두 아들을, 특히 장남인 나를 끔찍이 사랑하셨다. 그러나 사랑의 방식이 일방적이었다. 일례로 아버지는 새벽 1시에 요란하게 형광등을 켜며 잠자는 우리를 깨우곤 했다. 우리가 잠에서 깨어 눈을 비비면, 삶의 무게가 가득한 목소리로 아버지가 말씀하셨다.

"우리 아들, 오늘 태권도 품세와 동생과 겨루기 한번 해봐!"

그러면 우리 형제는 늦게까지 일하고 돌아온 아버지를 위해 어김없이 태권도복으로 갈아입어야만 했다. 지금 생각하면 자녀를 예뻐하는 아버지의 마음이 충분히 공감되지만, 당시 어린 나는 그런 식의 사랑을 쏟는 아버지가 무서운 아버지로 느껴졌다.

아버지는 특별히 예의범절에 있어 엄격한 분이었다. 어른이 식사하는데 수저를 먼저 들면 절대 안 되고, 말대꾸해서도 안 되었다. 동네 어른들에게 볼 때마다 인사하는 것은 기본이었다. 덕분에 동네 어른들에게 예절 바른 아이라며 당시 고급 메뉴였던 짜장면을 여러 번 얻어먹기도 했지만, 그런 엄격한 항목이 많아지다 보니 아버지가 어려워지기만 했다. 어떤 말을 꺼내려다가 열 번, 스무 번 곱씹고, 결국에 입 밖으로 꺼내지 못했던 적도 많았다. 그러다 보니 어머니를 통해 의사 표현하는 것이 습관이 되었고, 자연스럽게 아버지와 대화 빈도수는 줄어들게 되었다. 지금 내게는 손윗사람과 대화를 나눌 때 눈을 3초 이상 맞추지 못하는 습관이 있다. 놀랍게도 나는 이 습관을 불과 몇 년 전에 알아챘다. 아무래도 어린 시절 아버지의 무서운 사랑에서 비롯된 것 같았다.

아버지는 선견지명이 탁월하신 분이었다. 개인택시로는 본인의 노후와 자녀들의 대학진학 그리고 결혼 문제를 원활히 해결할 수 없다 판단하고, 내가 중학교 입학하면서부터 공무원 시험을 준비했다. 결국 합격해서 한국체육대학교에 취직했다. 공무원 초봉은 개인택시로 버는 돈의 1/3 수준이었다. 하지만 미래를 안정적으로 이끌어 가기 위해 선택한 공무원의 길을 아버지는 후회하지 않았다. 이를 악물고 성실히 일하기로 작정했다. 그것을 실천하기 위해 아버지는 내가 중 2가 되는 해에 단 하루 만에 술과 담배를 끊었다. 그 독한 노력의 결실로 3년 후 경기도 하남시에 32평 아파트를 장만하기에 이르렀다. 아버지의 독함은 이것으로 끝나지 않았다. 아버지는 20년이 넘는 공무원 생활 동안 단 하루도 지각한 적이 없는 성실함을 보여 주었다. 하남시에서 송파구에 있는 한국체육대학교까지 매일 새벽 뛰어서 출근하는 집념의 기록을 세웠다.

가장으로서 완벽함을 보여주기 위해 한눈팔지 않고 최선을 다한 아버지였지만, 완벽하지 못한 나에겐 그만큼 큰 부담으로 다가왔다. 그 부담은 아버지와의 소통을 어렵게 만들기도 했다. 아버지는 아버지대로 연약한 내게 실망한 탓에 부자간 소통은 더 껄끄러웠다. 어릴 적에 똑똑하다는 소리를 제법 많이 들었는데, 그것이 아버지와 나 사이를 한층 불편하게 만들기도 했다.

나는 교회 주일학교에서 하는 성경 암송대회에서 늘 1등을 하고, 목사님 설교 말씀도 한 달 내내 기억하곤 했다. 그래서인지 고3 때까지 주변 사람들은 내가 전교 10등 안에 드는 우등생인 줄 알고 우리 부모님을 부러워했다. 하지만 실제 내 성적은 그 정도가 아니었다. 때문에 부모님은 그런 말을 들을 때마다 내색은 안 했지만 난처했을 것이다. 그 마음을 알기에 나도 더더욱 최선을 다했지만 성적은 좀처럼 오르지 않았다. 나는 괴로워하며 이런 생각까지 했다.

'신앙과 성품과 성적은 상관이 없는 것인가? 앞으로의 인생에서 높은 점수만이 정답인가?'

누구보다 열심인 아버지의 삶은 내 의문에 '그렇다'라고 대답하고 있었다. 그래서 나도 그 답을 받아들여야 했고, 진심으로 받아들이고 있다는 것을 성적으로 증명해야 했다. 그렇게 19년의 시간을 보냈다. 19년 동안 아들의 마음을 검증하려 했던 아버지는 내게 무서운 아버지일 수밖에 없었다.

"하나님! 제가 나중에 어른이 돼서 결혼하면 우리 집처럼 두 아들을 주세요. 아빠와 해보지 못했던 것을 제 아이들과 함께해보고 싶어요."

중학생이 되면서부터 어머니를 따라 새벽예배를 나갔다. 새벽예배에서 나는 이런 기도를 드렸다.

하루빨리 독립하고 싶어서였을까. 아니면 아버지의 가르침대로 대대로 명품 가정을 이루고 싶어서였을까. 어린 시절 아버지, 아니 아빠와 하고 싶은 것이 많았다. 아빠 손잡고 교회 가서 찬양 부르고 말씀을 배우고 싶었다. 별것 아닌 주제로 온종일 편하게 수다도 떨고 싶었고, 운동장에서 아빠와 공을 차며 함께 뛰어놀고 싶었다. 그 시절 나는 눈치를 보며 오락실에 드나들곤 했는데, 아빠 손잡고 함께 가서 마음 놓고 오락을 해보고도 싶었다. 그것이 소원일 때도 있었다. 한마디로 아빠와 소통하고 싶었다. 어린 소년의 이와 같은 소박한 꿈은 생계를 책임지기 위해 고군분투해야 하는 젊은 아버지에겐 어쩌면 사치일 수도 있었을 것이다.

어릴 때부터 작은 입술로 되뇌던 말이 있다.

"청송 심씨, 안효공 파, 27대손, 끝자리 진 자 돌림. 내 자녀는 아들일 경우 가운데 규 자 돌림."

아버지는 나의 정체성을 확고히 심어주기 위해 가문의 족보를 주기적으로 알려주셨다. 그러다 보니 자연스럽게 28대손인, 당시 존재하지도 않은 내 자녀를 늘 머릿속에 상상하게 되었다. 그리고 그 상상은 곧 주기적인 기도 제목이 되어 세상 밖으로 선포하게 되었다.

아버지는 내가 초등학교 6학년 때까지 개인택시 영업을 하셨다.

그때는 이틀 일하고 하루 쉬기를 반복했는데, 모처럼 쉬는 날은 커튼 치고 밀린 잠을 주무셨다. 새벽 내내 운전하며 악착같이 돈을 버셨기 때문이다. 벽에 걸린 커다란 달력에 이틀 간격으로 빨간 줄이 그어져 있는 날. 나와 동생에게 그날은 자연스럽게 아버지 잠을 깨우지 않기 위해 조용히 지내야 하는 날이 되어버렸다.

아버지가 공무원이 되신 후부터는 좀 나아졌다. 주말이면 아버지와 공도 차고 등산도 종종 할 수 있었다. 그러던 어느 날, 아버지가 덤덤한 표정으로 나를 부르셨다.

"아빠가 없으면 네가 이 집의 가장이 되어 엄마를 잘 모셔야 한다."

"네……?"

"아빠가 몸 상태가 많이 안 좋아 앞날을 준비해야 할 수도 있어."

뜬금없는 말씀에 적잖이 놀랄 수밖에 없었다. 그러고 보니 아버지의 얼굴 주름이 깊어졌고, 피부색은 까맣게 변해 있었다. 나중에 알았다. 아버지가 몸 상태가 안 좋아 검진을 받았는데 간 경화 진단을 받았다는 사실을.

그날 이후로 우리 집 분위기는 또 달라졌다. 아버지 건강 회복에 초점이 맞춰졌고 식단도 상당히 달라졌다. 아버지 스스로도 달라졌다. 술과 담배를 하루 만에 끊으셨다. 집안에 아픈 사람이 있으면 전체적으로 분위기가 침체되는 것은 당연한 일이지만, 안 그래도 조용한 집안이 더 조용해졌다.

어머니는 아버지 건강 회복을 위해 밤낮으로 헌신하셨다. 매일 저녁 부어 있는 다리를 밤새 주무르시고, 간 경화에 좋다는 채소들을 매일 씻어 녹즙으로 정성껏 내려드렸다. 비가 오나 눈이 오나 새벽 4시에 일어나서 가까운 작은 상가의 교회에 가서서 남편을 위해 눈물로 기도하셨다. 당신조차 폐가 안 좋으셨음에도 불구하고 부족한 재정을 채우기 위해 먼지 가득한 옷 제조공장에서 일하기도 하셨다.

모두가 열심히 살았고 최선을 다했지만 행복하지는 않았다. 우리 집은 거센 바람 앞 촛불처럼 위태로웠다. 나는 그저 열심히 살고 계시는 부모님이 행복하면 좋겠다는 생각뿐이었다. 그 마음이 간절해져서 엄마와 함께 새벽예배의 자리에 나가 아버지의 건강을 위해 기도하게 되었다.

어쩌면 영영 함께하지 못할 수도 있다는 두려움에서였을까? 어느 날 아버지를 위해 기도하다가 이런 기도가 나오게 되었다.

"하나님! 제가 나중에 어른이 돼서 결혼하면 우리 집처럼 두 아들을 주세요. 아빠와 해보지 못했던 것을 제 아이들과 함께해보고 싶어요."

행복을 쌓는
스펙 쌓기

평범한 가정의 맏아들로 자라면서 자연스럽게 행복이라는 단어에 대해 고민했다. 희로애락을 수없이 겪으면서 행복은 내가 혼자 완성할 수 있는 것이 아님을 깨달았다. 행복은 사랑하는 사람들과 함께 노력함으로 완성해 가는 것이었다. 가정 안에서의 행복이라면 특히 부모의 역할이 중요했다.

중학교 때부터 족보 돌림자를 써가며 미래의 두 아들 이름을 지어봤던 나는 그 아이들이 행복한 삶을 살 수 있기를 소원했다. 그 소원의 성취에는 부모의 역할이 중요했기에 그 간절함은 자연스럽게 '배우자 기도'로 연결되었다. 마침 기도하는 삶을 몸소 보여주신 어머니가 때때로 배우자 기도의 중요성을 알려주셨기에 어린 나이에 배우자 기도를 하게 되었다.

처음 배우자 기도는 철저하게 이기적 욕심에 바탕을 두었다. 대부분 외모 중심적이었다. 열심히 새벽기도를 드리고 집에 돌아오면서 그 기도 내용을 곱씹어 보면 내가 하나님이라도 안 들어줄 것 같은 그런 기도였다. 열심히 풍선을 불어 공기를 가득 채웠지만, 결국 펑 소리와 함께 터져버려 아무것도 없는 상태로 돌아가는 기분이었다. 그 불안감을 해소하기 위해 계속 기도했고, 구하는 중에 하나님은 이 말씀을 주셨다.

'그러므로 염려하여 이르기를 무엇을 먹을까 무엇을 마실까 무엇을 입을까 하지 말라. 이는 다 이방인들이 구하는 것이라 너희 하늘 아버지께서 이 모든 것이 너희에게 있어야 할 줄을 아시느니라. 그런 즉 너희는 먼저 그의 나라와 그의 의를 구하라 그리하면 이 모든 것을 너희에게 더하시리라.'(마 6:31~33)

한순간 깨달았다.

'아! 내가 세상 사람들처럼 구하고 있었구나. 이미 내게 필요한 모든 것을 다 알고 계시는 주님이신데. 그렇다면 하나님 나라와 그의 의를 구하는 기도는 어떻게 해야 할까?'

이 고민과 묵상의 반복 끝에 배우자 기도 제목을 완성할 수 있었다.

"하나님, 하나님을 사랑하고 미소가 아름다운 배우자를 허락해 주시되, 보내주신 배우자인지 알 수 있도록 제게 표징을 보여주세요."

미소가 아름다워야 하는 이유가 있었다. 내 꿈은 목회자였다. 목회자의 아내는 영혼의 상처를 안고 찾아오는 수많은 사람을 어루만

져주어야 했다. 이것은 실로 어려운 일인데, 따뜻한 미소만 건네더라도 어느 정도 치유와 회복을 일으킬 수 있었다. 미소에는 그런 힘이 있었다. 물론 거짓으로 꾸민 미소가 아니라 진심이 담긴 미소에 한한다. 참된 사랑과 용서와 배려가 담긴 미소 말이다.

아이들에게도 엄마의 따뜻한 미소가 좋은 양식이 되리라 생각했다. 그것만 먹고 자라도 행복한 삶을 누릴 수 있을 것 같았다. 결국 가정과 교회의 행복에 배우자의 역할은 정말 중요했다. 나는 그 역할을 온전히 감당할 수 있는 배우자를 달라고 하나님께 기도했다.

어린 나이에 시작한 배우자 기도는 14년 동안 이어졌다. 우리 아이들이 행복한 아이들이 되기를 원했기에 멈출 수 없었다. 오랜 시간 이어진 기도의 결실은 2005년 8월 13일에 이루어졌다. 내 평생 잊지 못할 특별한 그날은 아내에게 하얀 신부 드레스를 입혀준 날이다. 그날이 더욱 특별했던 것은 1년 중 가장 뜨거운 말복이었기 때문이다. 우리의 사랑 온도만큼이나 '뜨겁게' 대한민국 전체가 우리를 축복해 주는 것 같았다.

2020년. 결혼한 지 15년이 되었다. 지금 내 옆에는 각자의 침대에서 여전히 아기 천사 같은 모습으로 잠든 열다섯 살 맏아들 규빈이와 열세 살 둘째 아들 규한이가 있다. 그리고 이 가정 안에 아내가 있다.

우리 부부는 비니하니가 천재나 영재로 자라기를 바란 적이 단한 번도 없다. 어릴 적 새벽마다 내 머리에 손을 얹고 기도하셨던 어머니처럼, 비니하니가 남을 배려하고, 비전과 소명을 찾아 목적 있는 인생을 살되 가슴이 따뜻한 사람이 되고, 가정에서 행복을 느끼고, 호흡을 마치는 순간까지 행복하게 살기를 기도했다. 이런 마음가짐은 우리 집안이 지극히 평범한 집안이어서 자연스럽게 가지게 된 건지도 모르겠다. 우월한 조건의 다른 가정들처럼 넉넉히 교육해주지 못할 것을 알기에, 무의식중에 미리 방어망을 구축한 것인지도 모르겠다.

그러나 나는 삶의 우선순위를 애초 사회적 성공에 두지 않았던 사람이다. 화려한 스펙을 구축해 사회에서 잘 나가는 사람이 되기보다 가정 안에서 건강하고 소통과 유대감을 높이는 사람이 되는 것이 더 중요하다고 생각했다. 그런 사람이 더 행복하다고 믿었다. 그것은 앞서 밝힌 나의 성장 배경 때문이다. 나의 아버지는 당신의 계획대로 택시기사에서 공무원으로 직업을 바꿨다. 이후 명예퇴직하면서 가정에 안정감을, 아버지 개인적으로는 안정된 노후를 이루었다. 하지만 더 소중한 것을 잃었다. 나와 함께 다니면 누나 같다고 할 정도로 젊었던 어머니가 51세라는 나이에 그 모습 그대로 갑자기 우리 곁을 떠난 것이다. 아버지는 건강을 잃고 말았다. 지금 아버지는 외과 수술 중 가장 고통스럽다는 간이식 수술로 면역억제제에 의지하며 힘든 나날을 살고 계신다. 결국 아버지의 변화는 늦었던 것이다. 처음부터 행복의 가치관을 달리 가졌다면 더 행복한 삶을 살았을 것이다.

오늘도 아내와 대화를 나누었다. 그리고 합의 내용을 확인했다. 우리 부부는 아이가 세상을 행복하게 살아가려면 우선 건강한 심신이 바탕이 되어야 하고, 지성, 감성, 영성, 인격, 전인 건강이 조화를 이루어야 한다고 믿고 있다. 우리는 그 믿음대로 비니하니가 어디에서나 누구와도 쉽게 어울릴 수 있는 좋은 인간관계와 사회성, 창의력과 통찰력, 온유와 겸손, 그리고 긍정적인 마음을 스펙으로 쌓도록 양육하고 있다.

대한민국 부모는, 자녀를 사회에서 리더십을 발휘할 수 있는 사람으로 키우고 싶어 하는 마음이 특히 강하다. 그래서 맞벌이를 선택하고, 좋은 학군을 찾아 열심히 이사 다닌다. 등골이 휠 정도로 아이들 교육비를 지원하면서 최대한 다양한 종류의 스펙을 쌓을 수 있도록 헌신한다. 다른 관점에서 보면 부모들끼리 자녀 관련 스펙 쌓기 경쟁을 벌이는 모습으로 보인다.

이렇게 열심인데, 뉴스 기사를 보면 자녀 교육과 청년 취업 문제에 관해 긍정적인 기사보다는 부정적인 기사들이 압도적으로 많다. 행복한 가정 찾기가 하늘의 별따기와도 같다. 내 주변만 보더라도 초등학생 자녀의 학교 부적응, 스마트폰 중독, 폭언, 폭행 등의 문제로 매일 눈물 흘리는 부모들이 많다. 그런 부모들의 상담 요청이 끊이지 않는다.

소위 일류대학에 보란 듯이 진학한 청년들의 기쁨도 잠시다. 그들은 공부만 잘했지 사실상 할 줄 아는 것이 없는 상태로, 명확한 꿈과 비전조차 없는 상태로 윤형방황(輪形彷徨)을 하고 있다. 그들에게 'Who am I' 곧 '나는 누구인가?'라는 질문을 던져보면 제대로 답하는 청년이 없다. 열심히는 사는데, 정작 자기 자신이 주인이 아닌 삶을 사는 이들이 많은 것이다. 그런데 그들의 스펙은 대단하다. 그렇게 쌓아 올린 스펙은 누구를 위한 스펙인가. 그런 모습을 볼 때면 자녀 교육에 대해 다시금 생각하게 된다.

이에 비해 비니하니의 스펙은 아주 초라하다. 우리 가족만 화려하다고 생각할지 모른다. 그 화려한 스펙은 대략 다음과 같다.

- 매일 아침과 저녁 잠들기 전 아빠 엄마에게 문안 인사 올리기.
- 매일 쉴 새 없이 스킨십하기, 잠들기 전 매일 성경 말씀 나누기.
- 아빠 모드 또는 엄마 모드로 책 읽어주기.
- 모든 운동은 아빠가 가르쳐주기.
- 가족 산책하기, 가족 등산하기.
- 실패 일기 쓰기.
- 도움 주신 분들께 감사 영상 보내기.
- 10년간 아빠가 이발해 주기.
- 엄마랑 요리하기.
- 어린 동생들과 창의적으로 놀아주기.
- 역지사지하기, 따뜻한 말 하기.
- 하루 일상 매일 나누기.
- 공부하고 책 읽은 것 대화로 나누기.

- 매일 웃기, 작은 것에 감사하기.
- 어려운 이웃 구제하기.
- 창의적으로 놀기.
- 모드 전환하기.
- 5초 생각하기.
- 시간관리하기.
- 스마트폰 안 하기, 솔선수범하기.
- 아빠랑 신나게 게임하기.
- 부모 존경하기.
- 가족 모두 건강하기.

사실 이것보다 훨씬 더 많다. 15년이라는 시간 동안 축적해온 비니하니의 스펙은 정말 화려해서 다 담아낼 수 없다. 글로 기록해보니, 실로 어마어마한 스펙이 아닐 수 없다. 소고기를 안 먹어도 배가 부르다.

사랑하는
도둑님에게

1,000만 원, 중고 TV, 5단 서랍장, 옷장, 책상, 세탁기, 냉장고 그리고 10개월 할부로 막 구매한 노트북 1대.

결혼 후 4년 만에 분가하게 된 우리 집 전 재산 목록이다. 처남이 빌려준 2,500만 원을 더해 남양주에 3,500만 원짜리 16평 빌라로 이사했다. 주중에는 대전에 있는 신학대학원에서 공부하고, 주말에는 교회 사역을 하느라 비니하니와 함께할 수 있는 시간이 별로 없어 늘 미안한 마음뿐이었다. 그래서 월요일은 무조건 가족과 함께하는 시간으로 보냈다.

어느 월요일 아침, 비니하니를 데리고 외출하려는데, 아장아장 걸어오던 하니가 바닥에 깔아놓은 이불에 걸려 넘어지면서 차려놨던 밥상 모서리에 왼쪽 눈 위를 부딪혔다. 하니는 놀람과 아픔에 자지러지게 울었다. 얼른 안아주며 눈을 보니 눈 안에까지 붉은 피가

흥건했다. 처음 당해 보는 일이라 어떻게 해야 할지 몰랐다.

"자기야! 피! 손수건 좀!"

손수건으로 급하게 지혈하면서 곧바로 병원으로 달려갔다. 응급수술을 하기로 하고 수면유도제를 먹였다. 아침부터 아무것도 못 먹고 눈물을 쏙 뺐던 하니는 퉁퉁 부은 눈으로 수면유도제를 맛있게 먹더니 멀뚱멀뚱 엄마 아빠만 쳐다보았다. 금방 잠들어야 정상인데 한참을 기다려도 잠들지 않았다. 간호사가 다시 조금 더 먹였다. 40분이 지나도 잠들지 않았다. 이런 상황에도 먹성을 보여주는 하니를 보며 한바탕 웃었다. 하지만 웃음의 기쁨은 짧았다. 우리 부부는 잠들지 않는 하니를 붙잡고 눈 위를 6바늘이나 꿰매는 수술을 함께 진행해야만 했다. 부모로서 차마 지켜볼 수 없는 고통스러운 시간이었다.

몸부림쳐 머리카락이 땀에 흠뻑 젖은 채 지쳐 잠든 하니를 품에 안고 집으로 돌아왔다. 아내가 하니를 안고 차에서 먼저 내려 집으로 올라갔다. 그런데 잠시 뒤 잔뜩 겁에 질린 모습으로 주차장으로 다급하게 내려왔다.

"자, 자기야……. 우리 집에 도둑이 있는 것 같아!"

"에이, 자기가 아침부터 놀라서 뭘 잘못 봤겠지. 우리 집에 가져갈 게 뭐가 있다고."

설마 하는 마음에 집으로 올라갔다. 믿기지 않았다. 우리 집 현관 도어록이 전부 해체되어 있었고 집 문은 10cm쯤 열려 있었다. 순간 아무 말도 나오지 않아 아내 얼굴을 다시 쳐다봤다. 아내는 두려움에 벌벌 떨고 있었다. 문을 조심스럽게 열고 집에 들어가 보니 집 안은 난장판이 되어 있었다. 비니하니가 자는 이부자리에는 흙먼지 신발 자국이 새겨 있었다.

'우리 집에 도둑이 들다니……. 기왕 왔으면 신발이라도 벗고 들어오지.'

비니하니가 자는 이부자리를 무심히 짓밟고 간 발자국에 화가 났다.

'우리 집에 가져갈 게 뭐가 있다고!'

그렇게 생각하는 순간 노트북이 번쩍 떠올랐다. 얼른 작은방으로 달려갔다. 역시 노트북은 없었다. 힘이 쭉 빠졌다.

'무이자 10개월로 끊어 이제 할부 2개월 차인데……. 교회사역은 어떻게 하나…….'

수습은 해야 하기에 112로 신고했다. 1시간 뒤 형사 두 명이 방문해서 경위서를 작성하도록 했다. 경위서를 쓰고 있는데 한 형사가 말했다.

"뭐, 잘 아시겠지만 이런 사건 같은 경우는 장물로 빠르게 물건을 처리하기 때문에 찾기 어렵다고 생각하시면 됩니다."

나는 잠시 생각에 잠겼다가 대답했다.

"저, 노트북 반드시 찾을 겁니다."

형사는 약간 어이없다는 듯 옅은 미소만 지었다.

내가 노트북을 꼭 찾아야겠다고 대답한 이유가 있었다. 경위서를 쓰는 동안 이런 생각이 들었기 때문이다.

'왜 하필 우리 집일까? 가난한 신학생 집에 도둑이 들어온 이유가 분명 있을 텐데. 내 관점이 아니라 하나님 관점으로 본다면…….
도둑을 전도하라고?'

도둑을 전도하려면 다시 만나야 했고, 다시 만나려면 노트북을 찾아야 했던 것이다.

형사들이 돌아간 뒤 흐트러진 집 안을 정리하며 곰곰이 생각했다. 처음에는 도둑에게 화가 났지만, 생각할수록 그 도둑이 불쌍하다는 생각이 들었다.

'훔칠 것이 없는 우리 집에 들어올 때 얼마나 긴장했을까? 또 막상 들어와 보니 가져갈 것이 없어 얼마나 허탈했을까? 급한 마음에 노트북 전원선은 빼놓고 가서 중고로 팔 때도 쉽지 않겠어.'

계속 묵상이 되었다.

'집 주변에 큰 평수 부잣집들이 많은데 가장 작고 초라한 16평 우리 집에 온 데에는 분명 어떤 뜻이 있을 거야. 아, 도둑은 범죄 현장에 꼭 다시 방문한다지?'

마음에 어떤 다짐이 생겼다. 이제는 내가 집 안을 뒤지고 있었다.

"아, 있다!"

사용하지 않은 성경책이었다. 나는 종이와 펜을 들고 편지를 쓰기 시작했다.

주의 이름으로 사랑하는 도둑님. 우리 집에는 이제 가져갈 것이 아무것도 없습니다. 다만 무엇을 드릴 수 있을까 생각하던 중, 유일하게 우리 집에서 드릴 수 있는 새 성경책 한 권이 있어 두고 가니,

꼭 가져가서서 읽고, 예수 믿고 구원받으세요.

심현진 전도사 올림

그다음 날부터 외출할 때면 편지와 함께 성경책을 현관문 앞에 두고 문을 일부러 잠그지 않았다. 아내는 약간 당황했지만, 잘 설득했다. 도둑이 든 뒤로 아내는 트라우마가 생겨 한동안 부스럭거리는 소리에도 흠칫 놀라고, 외출을 다녀올 때마다 두려워했다. 그런 아내에게 미안했지만 나는 외출할 때마다 제발 도둑이 재방문해서 편지를 읽고 성경책을 가져갔으면 하는 기대감과 설렘으로 가득 찬 심경의 변화를 경험하게 되었다.

하지만 결국 도둑은 다시 오지 않았다. 그래도 전도의 마음을 먹고 나니 모든 게 용서가 되고, 두 발 쭉 뻗고 편히 잘 수 있었다. 비니하니에게 어쩐지 좋은 본보기를 보여준 것 같아 뿌듯하기도 했다.

후일담이지만 한달 뒤, 기적적으로 노트북을 찾았고, 도둑님의 여동생이 찾아와 탄원서 써주기를 부탁했다. 출소 이후에 오라버니 손을 꼭 잡고 교회에 다닐 것을 권면하며 정성으로 탄원서를 작성해 주었다. 1년 뒤, 여동생으로부터 감사의 문자가 한 통 날아왔다.

'오늘 출소한 오빠 손을 잡고 교회로 처음 인도했어요. 기도해주시고 배려해 주셔서 감사해요.'

왜 하나님께서 도둑님을 우리집에 방문하게 하셨는지 더욱 명확해지는 순간이었다.

아프지만
특별한 선물

눈에 넣어도 아프지 않을 비니가 다섯 살 때의 일이다. 작은 교회의 교육전도사로 섬기게 되었다. 교회에서는 감사하게도 사택을 제공해 주셨다. 3층짜리 건물에 2층 전체인 30평에 살게 되었다. 비록 지은 지 20년 가까이 된 집이었지만 우리가 살기에는 과분한 집이었다. 아내와 함께 오랜 시간 정성 들여 칠하고, 닦고, 교체했다. 이사 감사예배를 드릴 때 함께 오신 장로님에게 "이전 집과 전혀 다른 집이 됐네요"라는 말을 들을 정도였다. 한 달, 두 달이 지나면서 우리의 보금자리는 푸른 초장, 쉴 만한 물가로 변해갔다. 부족할 것이 없었다. 그 집에서 세상 누구보다 예쁘고 귀여운 비니하니가 성장하는 모습을 볼 때면 더욱 감사했다.

그러던 어느 날, 비니가 온몸을 긁기 시작했다. 모기에 물렸겠거니 생각했다. 약을 발라주려고 윗옷을 벗겼더니 온몸에 작은 두드러기 같은 것이 보였다. 가라앉겠지 하며 대수롭지 않게 여겼다. 그러나 그 두드러기는 점점 붉어지고 커지면서 진물이 나오는 형태로 변해갔다. 그때부터 우리 가족은 끝이 보이지 않는 어두운 터널 속으로 들어가게 되었다. 비니는 귀 끝이 갈라지고, 다리와 배에는 아기 손바닥보다 큰 원형 모양의 상처들이 생겼다. 비니는 가려움을 참지 못하고 긁기 시작했다. 손톱으로 긁게 되면 피부가 헐까봐 엄마 아빠가 손바닥으로 문질러주며 가려움을 해소해주었다. 낮에는 비니도 엄마 아빠를 의식해서인지 손바닥으로 두드리고 문질렀다. 하지만 밤에는 속수무책이었다. 모두가 잠든 지 얼마 지나지 않아 벅벅 피부 긁는 소리가 났다. 그 소리에 우리 부부는 얼른 일어나 비니의 손을 잡고 손바닥으로 피부를 문질러주었다. 비니의 작은 손가락 마디에는 이미 붉은 피가 잔뜩 묻어 있었다. 우리가 잠들면 비니는 무의식중에 상처 위를 긁기에 잠들 수가 없었다. 그렇게 밤을 새우다 새벽예배에 나가곤 했다. 몇 개월이면 모든 것이 원상태로 회복될 줄 알았다. 하지만 어둠의 긴 터널은 끝이 보이지 않았다.

하루는 아침에 피부에 들러붙은 잠옷을 조심스레 벗겨주고 샤워를 시킬 때 비니가 떨리는 목소리로 이렇게 말했다.

"예수님! 죄송해요. 제가 엄마 말씀을 안 듣고 긁어서 이렇게 아프게 됐어요!"

비니는 물이 닿은 곳이 따가워 손바닥으로 두드리며 울면서 발을 동동 굴렀다. 아내의 눈에서도 눈물이 흘렀다. 아비로서 아무것도 해주지 못하는 내 가슴은 타들어갔다.

나도 우는 날이 많아졌다. 펑펑 울다가 부은 눈으로 교회에 출근하기 일쑤였다. 그렇게 터널 속에서 지내던 어느 날, 비니와 큐티를 하다가 마음에 감동이 왔다.

"규빈아. 이 아토피는 규빈이에게만 주시는 하나님의 특별한 선물이야. 왜냐하면, 이 아토피를 반드시 낫게 해주실 거거든. 그러면 나중에 비니가 커서 하나님의 손길을 피부를 볼 때마다 느낄 수 있기 때문이야."

비니의 대답도 감동이었다.

"네. 저에게만 주신 하나님의 특별한 선물로 생각할게요."

그렇게 1년이 지났다. 그리고 2년이 지났다. 비니의 손톱이 빠지기 시작했다. 발톱도 빠지기 시작했다. 피부 깊숙한 곳에서부터 진물과 상처가 밀고 올라온 것이다. 감염되지 말라고 붕대로 칭칭 감고 다녔다. 손바닥 발바닥을 제외한 모든 피부가 상처투성이였다. 스테로이드제 부작용을 알면서도 가려움을 참지 못하는 비니를 위해 발라주었다.

어느 날, 연고를 발라주려고 종아리에 난 상처를 보는데 곰팡이 피듯 털이 나 있었다. 부작용이었다. 다행히 비니는 그 증상을 발견하지 못한 듯했다. 아내와 나는 곧바로 스테로이드제를 버렸다. 나을 수만 있다면 뭐라도 해 주고 싶었다. 내 눈은 아토피 전문병원, 한의원 광고에만 집중하기 시작했다. 그러다가 강남에 유명한 아토피 전문 한의원에 전화 문의를 했다. 한 달 치료하는 프로그램이 200만 원이란다. 내 한 달 사례비보다 훨씬 많은 돈이었다. 아내와 상의 끝에 빚을 내서 그 프로그램을 진행했다. 하지만 효과가 없었다.

아내의 사촌인 처형께서 우리 소식을 듣고 방문해주셨다. 인천에서 아이들 교육 사업으로 잘 나가다가 두 남매의 아토피로 모든 것을 포기할 수밖에 없을 정도로 삶이 뒤바뀐 경험을 하신 분이다. 이미 고등학생이 된 두 남매는 아토피로 학교를 정상적으로 다닐 수 없어 홈스쿨링을 하고 있었다. 한 달에 아토피 치료비로 1,000만 원까지 써보았다고 하셨다. 몇 년 전 지인의 추천으로 알게 된 앰브로토스라는 매나테크 제품을 마지막 시도라 생각하고 아이들에게 섭취하도록 했는데, 놀랍게 남매가 회복됐다며 비니에게 꼭 먹여보라고 권해주셨다. 생소한 제품이어서 우리 부부는 그 제품을 공부하기 시작했다. 정말 좋은 제품이긴 했지만 이미 많은 것을 시도한 터라 재정이 바닥나 구매할 여력이 없었다. 이를 안타까워한 처형은 1년 동안 자기 비용으로 구매해 섬겨주셨다.

2012년 10월 어느 날, 평소처럼 아침에 큐티를 하던 중 비니가 말했다.

"아빠, 기도 제목이 있어요. 제 아토피가 12월 24일 전에 꼭 나아야 해요."

"어? 왜 그런 기도 제목이 생겼니?"

"예수님 생일이 25일이잖아요. 그때 우리 가족이 파티해야 하는데, 지금까지 저 때문에 고기도 못 먹고 규한이는 과자도 못 먹었는데, 가족에게 미안해서요. 제가 나아야 우리 가족 모두가 맛있는 것 예수님 생일파티하며 먹을 수 있잖아요."

깜짝 놀랐다. 아이의 간절함과 믿음이 보였다. 낫게 해 주실 것 같았다. 그로부터 한 달 뒤 추수감사절을 3주 앞두고 비니의 몸에 변화가 나타나기 시작했다. 분화구처럼 상처와 진물투성이였던 비니의 피부가 매끈해지기 시작하더니, 2주 만에 상처의 흔적만 남고 깨끗해진 것이다. 긴 터널 끝 빛을 발견하게 되었다. 말로 설명할 수 없는 광경을 보면서 그 변화의 과정을 매일 사진으로 남겼다. 비니의 피부를 볼 때마다 느꼈던 좌절과 아픔이 희망과 기쁨으로 바뀌는 순간들이었다. 비니도 신나기는 마찬가지였다.

"아빠! 추수감사 주일은 열매를 주신 예수님께 감사드리는 날이잖아요. 제 건강의 열매를 주신 하나님께 감사 편지로 고백하고 싶어요."

"오! 그래? 아빠가 담임목사님께 말씀드려서 그렇게 할 수 있도록 부탁드려볼게."

11월 추수감사 주일에 비니는 상처 하나 없는 몸으로 교회 앞에 나가서 예수님께 감사 편지 고백을 드렸다. 그 모습을 보며 울지 않을 수 없었다. 이전에 흘리던 눈물과는 다른, 기쁨과 감사의 눈물이었다.

"주님, 3년이라는 긴 터널을 통과시켜 주셔서 감사드립니다!"

그 어두운 터널을 담대하게 통과한 비니가 자랑스러웠다.

6만 원짜리
양복에 깃든 값비싼 행복

새벽 3시 50분. 머리맡에 놓은 스마트폰이 진동한다. 오늘도 천근만근인 몸을 추스르며 조용히 이불 속에서 빠져나온다. 몽롱한 정신을 깨우기 위해 찬물로 세수한다. 세 벌 양복 중 하나를 골라 입는다. 넥타이를 맬 때쯤에야 정신이 멀쩡해진다. 6만 원짜리인데 맞춤 정장 같다는 생각과 함께 새벽 내내 차가워진 교회 승합차에 몸을 싣는다. 핸들은 1년 내내 차갑다. 성도들이 따뜻함을 느낄 수 있도록 예열을 충분히 하고, 부지런히 골목골목 돌며 성도들을 차에 태운다. 덕분에 교회 주변 신호체계, 구석구석 모르는 길이 없다. 정확히 4시 45분 교회 앞에 도착한다. 새벽 설교 담당하는 주간이 되면 더욱 분주해진다.

5시에 시작하는 새벽예배가 개인기도 시간까지 포함해서 6시 10분 정도에 끝나면, 다시 차량에 탑승해 미리 시동을 걸어놓는다. 다시 한 시간가량 차량 운행을 하고 귀가하면 7시 30분. 세상은 아직도 하루를 맞이할 준비가 안 된 것처럼 잠잠하다. 여전히 꿈나라 여행 중인 두 아기 천사의 손을 잡고 감사 기도를 한다. 비니하니 옆에 누워 한 손으로는 비니를 품고 막둥이 하니는 배 위에 올려놓고 마음속으로 마음껏 감사하고 축복한다. 그리고 잠시 뒤 다시 출근 준비를 한다.

오후 5시 20분. 퇴근 준비를 한다. 다른 직장인들에 비해 조금 일찍 퇴근하는 시간대이지만 늘 마음이 분주하다. 얼른 집에 가서 저녁을 간단히 먹고 다시 차량 운행을 해서 7시까지 교회에 도착해야 하기 때문이다. 분주한 날이면 그 간단한 저녁마저 건너뛰고 교회에서 바로 운행하기도 한다. 금요일에는 밤 11시가 넘어 예배가 끝나기에 차량 운행을 마치고 집에 들어가면 자정이 넘는다. 저녁 예배가 없는 화요일, 목요일은 정상적으로 6시 30분에 퇴근할 수 있지만, 예배가 없기에 개설한 성경공부 과정을 진행해야 하므로 역시나 밤늦게 귀가하기 일쑤이다. 성도들의 병원 심방이나 장례를 치르게 되면 일주일이 하루처럼, 일 년이 한 달처럼 훅 지나간다.

정해진 야근은 없지만, 야간에 퇴근하는 목회자의 삶. 대한민국 목회자 대부분은 이렇게 살고 있다. 나 역시 이런 삶을 15년간 매일 살아왔다.

누군가는 이야기한다.

"비니하니가 부모와 유대감이 좋은 건 아빠가 오랜 시간 늘 곁에 있어 주기 때문에 가능한 거지."

나도 그런 줄 알았다. 하지만 돌이켜보면 아이들을 향한 애착이 강해서 그렇게 느껴진 거지, 실제로는 잠든 아이들 보며 출근하고 자는 아이들 보며 퇴근한 날이 훨씬 많았다. 더구나 다른 가정은 주중에 함께하지 못한 시간을 주말에 갖기라도 하는데, 목회자 가정인지라 토요일과 주일(일요일)에 가족끼리 놀러 가는 것은 꿈도 꾸지 못했다. 그래서 아이들과 함께할 수 있는 시간이 허락될 때 크로노스가 아닌 카이로스적 시간으로 보내기 위해 최선을 다했다. 표면적 소통이 아닌, 내면 깊은 곳까지 소통하는 아빠가 되기 위해 두 배 세 배 노력했다.

그러나 늘 미안했다. 시간도 시간이지만, 내복 한 벌 사주는 데도 여러 번 들었다 놨다 해야만 했던 어려운 재정 상황이 미안했다. 아이들뿐 아니라 아내에게도.

어느 날 아내가 이야기했다.

"자기야, 큰 학원 운영하시는 집사님께서 같이 일하자고 하시는데, 거기서 일하면 200만 원은 받을 수 있어서 살림에 큰 보탬이 될 텐데…… 어떻게 하면 좋을까?"

"지금 비니하니에게 가장 필요한 건 돈이 아니라 엄마와 아빠라고 생각해요. 지금 이 시기는 돈의 가치로 살 수 없는 시기이기 때문에 어렵지만 버텨봅시다. 그러면 10년, 20년이 지나 200만 원 가치의 30배, 60배, 100배의 결실을 아이들 삶에서 맺을 거예요."

고맙게도 아내는 내 뜻을 따라주었다.

이런 어려움이 오히려 아이들과 함께하는 시간의 소중함을 더 깊이 느끼게 해준 것 같다. 지금도 여전히 새벽 시간에 자고 있는 비니하니 방에 들어간다. 매일 하루도 거르지 않았다. 고이 잠든 비니하니 얼굴을 곱게 쓰다듬고, 어느새 엄마 손만큼 훌쩍 커버린 손을 잡고 만지작거린다. 여전히 부모의 돌봄과 사랑을 받아야 할 연약한 아기 손이다. 마음으로 축복기도를 하고 한참을 바라보고 있노라면 아빠 미소가 절로 나온다. 미소와 함께 10분이라는 시간이 훌쩍 지나가지만, 그보다 행복한 시간은 없다.

우리 집 장롱은 내겐 타임머신이다. 장롱 문을 열면 추억여행이 시작된다. 장롱 속엔 15년 전 정장이 한 자리를 차지하고 있다. 제법 비싼 30만 원짜리, 선물 받은 정장 한 벌도 눈에 띈다. 하지만 내게는 분주함과 미안함과 감사함이 잔뜩 묻은 색 바랜 6만 원짜리 양복에 더 마음이 간다.

15년째 같은 양복을 입을 수 있게 살찌지 않은 것이 오늘따라 감사하다.

수석 졸업 아내와의
교육적인 대화

"전체 수석. 성적 최우수상 이지혜."

대학 졸업식장에서 내 여자 친구의 이름이 불렸다. 총장님이 직접 시상하는 가운데 부끄러워 볼이 빨개진 그녀의 미소는 여전히 아름다웠다. 벌떡 일어나 '내 여자 친구입니다!'라고 자랑하고 싶을 정도로 심장이 두근거렸다.

군대를 전역한 뒤 4학년 2학기에 복학. 극적으로 채플 예배 때 서로의 존재를 알게 된 이후로 자연스럽게 연인이 되었다. 그녀는 다른 대학교를 졸업한 뒤 성경을 공부하고 싶어 신학대학교 3학년에 편입학했다. 이전 학교에서도 전 학기 성적 우수생으로 장학금을 받았고, 내가 복학한 뒤에도 그녀의 이름 앞에는 전체 수석이란 수식어가 꼬리표처럼 따라다녔다. 연애하기 전 그 사실을 알았더라면 다른 세상 사람 취급하며 교제하지 못했을 것이다.

이지혜라는 여자를 만나기 전과 만난 이후의 삶은 완전 달랐다.

'지혜 남친'이라는 새로운 이름이 생겼다. 같은 과 형제들의 질투와 견제를 받았다. 다른 과에서도 같은 반응을 보였다. 심지어는 과 MT를 가는데 나만 쏙 빼놓고 가려는 은밀하고 위대한 음모를 마주하기도 했다. 과 카페 커뮤니티에서는 나와 그녀의 이야깃거리가 이슈가 되었다. 서울 명동에서 데이트한 모습을 목격한 누군가의 목격담 댓글에는 '우리에게 사귄다는 말도 안 하고 어떻게 그럴 수 있느냐?'는 질투가 담기기도 했다.

사람들의 온갖 질투와 시샘을 나는 이해할 수 있었다. 총장님과 교수님들이 예뻐하는 전체 수석에, 늘 밝은 미소를 짓고 다니는 예쁜 얼굴에, 성격까지 좋은 여학생을 싫어할 남자 없었을 것이다. 만인의 연인이자 모범적인 그녀와 결혼하기까지 정말 많은 우여곡절이 있었다. 하지만 견딜 수 있었다. 14년 기도 제목대로 미소가 아름다운 그녀와 결혼하면 모범적 삶, 행복한 삶을 살 거라 확신했기 때문이다.

위기는 그녀의 모범적인 것에서부터 비롯되었다. 비니가 다섯 살 때의 일이다. 처형이 미국에서의 12년 삶을 정리하고 귀국했다. 아직 아이가 없었던 처형은 첫 조카인 비니를 엄청나게 예뻐했다. 한국에 귀국하자마자 수원에 큰 원어민 학원에 기획실장으로 취직하면서부터 아내에게 조기 영어교육을 제안했다. 모범적으로 자란 아내는 모범적 제안으로 받아들여 그 먼 곳 수원까지 비니를 데리고 다니며 영어 공부를 시켰다. 효과는 있는 듯했다. 비니는 짧은 시간 동안 아주 유창한 영어 발음을 장착했다. 모 대학교에서 진행하는 전국 어린이 영어 말하기 대회에 최연소자로 출전해 장려상도 받았다. 그런데 나는 별로 기쁘지 않았다. 장려상이어서가 아니었다. 과연 비니가 자신이 말하는 내용을 이해하고 충분히 생각하며 말하는 것인지 의문이 들어서였다.

의문은 맞았다. 그냥 암기였다. 언어는 문화인데, 아직 한국 문화를 제대로 알지도 못하고 모국어의 깊이도 모르는 한국 아이가 조기 영어를 한다한들 무슨 소용인가. 오히려 자기 정체성의 혼란만 가져다줄 거라 생각했다. 더구나 대회를 준비하며 암기를 시키는 아내에게서 조급함도 보인 터였다. 마침 한 학년 월반해서 암기량이 점점 많아지자 비니도 힘들어했다. 이건 아니다 싶어 그만두게 했다. 이정도의 경험으로도 충분하다고 아내를 설득했다.

비니가 초등학교 입학했을 때였다. 가만히 지켜보니, 역시 모범적인 아내 덕분에 비니는 손 하나 까딱하지 않아도 되었다. 적어도 학교생활에 관해서만큼은. 하교 후 비니는 가방을 내려놓으면 끝이었다. 알림장을 여는 것은 늘 아내였고, 가방 속 준비물을 챙기는 사람 역시 아내였다. 비니는 하교할 때처럼 등교할 때 가방만 메고 가면 학교생활에 전혀 지장이 없었다. 내가 아내에게 물었다.

"그렇게 다 해주면 나중에 습관돼서 비니가 스스로 할 줄 아는 게 없어져요. 아이도 망가지고, 자기도 갈수록 힘들어질 거라고. 그걸 알면서 왜 하나부터 열까지 다 챙겨주는 거예요?"

아내가 답했다.

"아침에 준비물 부랴부랴 챙기다가 늦게 등교하면 좋을 게 뭐가 있어요? 준비물 빠뜨려 선생님한테 책잡히는 것도 싫어요."

한번은 아내가 비니와 수학 문제를 풀다가 화내는 것을 목격했다. 비니가 학교에서 수학 시험지를 들고온 날이었다.

"아니, 규빈아. 이리 와봐. 이거 아는 문제지? 이렇게 쉬운 문제를 어떻게 틀릴 수가 있니?"

"……몰라요."

"엄마가 실수하지 말라고 했지? 앞으론 이런 쉬운 문제는 실수하지 마."

"……."

아내는 비니가 당연히 100점 맞아 오리라 생각했단다. 본인 아들은 다른 아이들과는 달리 똑똑해서 쉬운 문제를 틀린 것을 이해할수 없었다고 했다. 아내는 비니를 1등으로 키우고 싶었단다. 성적은 물론 학교생활과 준비물 가져오는 일까지.

자기보다 더 나은 성적, 더 나은 성과를 기대하는 수석 엄마. 그 수석 엄마의 욕심 앞에 점점 수석(壽石)이 되어가는 비니. 수석(壽石)의 사전적 의미처럼 실내에서만 보고 즐기는 매끈한 관상용 아이가 될 것 같았다. 100점이 뭐가 중요하다고, 그것도 초등학교 1학년짜리가 본 한 장 시험지가 인생에 무슨 큰 영향을 준다고 저렇게 부들부들할까 싶었다. 미래가 보였다. 이대로 내버려둔다면 머지않아 우리 가정의 화목은 깨지고 소통은 단절될 것이 뻔했다.

이때부터 아내와 매일 대화하기 시작했다. 바른 자녀 교육은 부부가 함께 만들어가는 것이라고 생각했다. 우리 부부는 서로의 가치관과 교육관을 확인하고 점검하며 올바른 자녀 교육을 위한 대화를 나눴다. 참 잘한 일이었다. 부부가 대화를 시작하며 수석 졸업생 엄마의 아찔한 스펙 쌓기를 중도에 멈출 수 있었다. 그리고 비니의 마음속에, 우리 가정에 행복의 디딤돌을 놓을 수 있었다.

지(智)·덕(德)·체(體)로
체인지하는
교육

비니하니 부모가 일으킨
맹모삼천지교의 바람

맹모삼천지교(孟母三遷之敎)를 모르는 대한민국 부모는 없을 것이다. 아들 맹자의 교육을 위해 세 번 이사했다는 어머니의 교육열과 환경이 교육에 미치는 영향을 표현한 말이다. 이런 어머니의 노력에 힘입어 맹자는 훗날 뛰어난 학자가 되었다.

맹모삼천지교는 적어도 21세기 대한민국에서는 여전히 생생한 고사성어이다. 더구나 요즘에는 자녀 교육을 위해 유치원 과정만 3,000만 원은 들여야 한다는 의미로 재해석되고 있는 것이 현실이다. 이사와 돈. 대한민국 부모는 자녀 교육을 위해서라면 이 두 가지에 목숨을 걸 정도다. 그 노력과 간절함은 아마 맹모를 능가할 것이다.

그런데 맹모삼천지교의 역풍이 불고 있다. 서울 강남으로 불던 바람이 용인 동백으로 방향을 틀었다. 이 바람은 아무도 눈치 채지 못할 만큼 미미하지만, 그 중심에 서 있는 우리 가족에게는 꽤 거센 바람처럼 느껴진다.

2019년 〈10주년 단무지 독서캠프〉가 끝난 6월 19일, 모르는 번호로부터 연락이 왔다.

"안녕하세요. 비니하니 아버지 되시죠?"

"네, 안녕하세요."

"이번에 단무지 캠프 참석하면서 마지막 날 비니하니가 무대에 선 모습 보고, 3P 이재덕 마스터에게 비니하니 아버님 연락처를 물어보고 연락드렸습니다."

초등학교 3학년, 1학년 두 남매(도윤, 정인)를 자녀로 둔 어머님의 전화였다. 금융업계에 종사하며 방송 출연 경력도 있는 커리어 우먼으로 사회생활을 하며 평소 자녀 교육에 고민을 많이 했단다. 성적 좋은 아이가 아닌 성품 좋은 아이로 키우는 게 맞다 싶었는데, 단무지 캠프 때 강규형 대표에게 공개적으로 칭찬받을 정도의 자녀를 키우는 부모라면 답을 줄 수 있겠다 싶었단다. 어머님과 통화를 1시간 가까이 했다. 마침 그 주 토요일에 섬기던 교회 학부모와 지인들을 대상으로 자녀 교육 특강을 준비했기에 어머님을 초대했다. 뜻밖의 자리에 초대받아 설레던 그 어머님의 반응은 전화를 끊고도 긴 여운이 남았다.

토요일 오전, 조출하게 마련된 특강의 자리에 낯선 분이 오셨다. 그 어머님이었다. 해맑게 웃으며 들어오는 미소에서 설렘과 기대감이 묻어났다. 그런데 어머님은 2시간 특강을 마치기 전에 조용히 먼저 나가셨다. 특강을 마친 후 정리하며 생각했다.

'생각하던 바와 다른 메시지가 나와 실망하셨나? 자리가 불편했
나?'

멀리서 오셨는데, 잘 챙겨드리지 못한 것 같아 신경이 쓰였다.

오후에 어머님에게 문자가 왔다.

> 중간에 나와 너무 아쉬웠어요. 이후 일정이 있어서요. 실은 미리
> 도착해서 이런저런 상의드리고 싶었는데 강의 전 호흡 방해될까 가
> 만히 있었습니다. 오늘 강의 중 부모와 자녀의 유대감의 중요성에 공
> 감 많이 했습니다. 주입식 교육이 의미 없다는 걸 오래전 알았기에
> 아버님과 비니하니를 알게 된 게 큰 의미가 아닐 수 없네요.

좋은 마음으로 가셔서 한시름 놓았다. 그렇게 몇 번의 문자와 통
화를 주고받은 뒤 어머님이 한 통의 문자를 보내 왔다. 그날은 6월
30일이었다.

> 선배님~, 집 계약했습니다. 선배님 사는 곳 바로 옆 아파트. 이삿
> 날은 8월 3일.

설마설마 했는데, 어머님은 속전속결 이사 결정을 내린 것이다.
적잖이 놀랄 수밖에 없었다. 용인 동백은 산으로 둘러싸여 공기 좋은
곳으로 아이들과 오순도순 살기 좋은 곳이지 학구열이 높은 곳은 아
니다. 자녀들의 학업을 위해 분당으로, 강남으로 가려는 마당에 오히

려 수원에서 더 안쪽으로 들어오다니. 더구나 우리 가정만 보고 이사를 온다는 게 믿기지 않았다. 그런데 이 사건은 시작에 불과했다.

여름휴가 중 잠시 우리 집에 들렀던 동생네 가족과 올해 초등학교에 입학한 조카 하준이의 학교생활과 자녀 교육에 관해 대화를 나누었다. 내 이야기를 듣던 동생 부부는 이제 결정해야 할 때인 것 같다고 말했다. 그로부터 2개월 뒤 동생도 우리 옆 아파트로 이사 왔다. 서울 압구정동에 직장을 두고 있는 동생은 자녀 교육을 위해 큰 희생을 감수하기로 한 것이다.

그 사이에 또 다른 에피소드가 있었다. 내 블로그를 지켜보던 두 어머님은 쪽지로 처음 연락을 시도한 뒤 상담을 요청했다. 흔쾌히 허락했다. 두 어머님의 가정 8명, 온 가족이 찾아왔다. 한 어머님은 미래 교육을 준비하는 회사에서 일하는 커리어 우먼이었다. 가족 모두가 이 만남이 설레고 앞으로가 더욱 기대된다고 했다. 서울 은평구에서 한달음에 달려오신 이 두 가정, 아이들이 여덟 살이 되는 2년 뒤 동백으로 이사 오겠다고 했다.

최근에는 제주도에서 홈스쿨을 준비하는 어머님이 교육환경이 좀더 잘 갖춰진 수지로 가려다 여러 가지 상황 때문에 동백으로 이사오기로 했다. 동백에 우리 가족이 산다는 소식을 듣고 얼마나 감사했는지 모른다며 연락이 왔다. 이 가정은 8월에 이사를 왔다.

이 외에도 몇 가정이 더 생겼다. 그리고 지금도 블로그를 통해 많은 분이 환경만 허락된다면 같은 동네 살고 싶다고 말씀하신다. 혹자는 비니하니 가족 덕분에 용인 집값 오르는 거 아니냐며 신기해하는 분들도 있다.

서울이 아닌 동백에, 그것도 내 주변에 신(新) 맹모삼천지교의 바람이 불고 있다. 함께 자녀를 바르게 양육하기 원하는 그분들 덕분에 이제 이사도 함부로 못 갈 참이다. 실제로 최근엔 인천 송도에 사는 지인 몇 분이 송도로 이사 오길 바라는 러브콜을 보내기도 했었다. 오래전 소망했던 건강한 교육공동체가 이렇게 시작되는 건가 싶다. 지금 이 바람, 건강하고 신선한 바람이 되길 소망해본다.

대한민국의
핑크 펭귄을 꿈꾸며

"저희가 인생 책이라는 사실을 알게 된 계기였고요. 제가 진짜 핑크 펭귄이 된 기분을 느꼈습니다."

2018년 전국 단무지 독서캠프 마지막 날, 비니하니의 멘트이다. 독서캠프는 해마다 마지막 피날레로 책 탑 쌓기 대회를 한다. 처음 참석한 우리 가족은 그 사실을 모르고 책을 숙소에, 자동차에 두고 왔다. 같은 조였던 배원이네 가족도 마찬가지였다. 30개가 넘는 다른 조원들은 신나게 준비한 책들을 멋지게 쌓고 있었다. 책을 가져 와야 하는 것 아니냐며 안절부절못할 때 비니하니와 대화를 나눴다.

"우리가 다른 조보다 책 수량도 적어서 책 탑을 쌓아봐야 눈에 띄지도 않을 거야. 책이란 뭔지 생각해보자. 책에는 한 사람의 경험, 체험 등 사람 이야기가 담겨 있는 거잖아? 그렇다면 너희들만큼 멋진 책이 어디 있니? 너희들이 인생 책 탑이 되어볼래?"

"네! 좋아요. 그럼 저희가 팔짱을 끼고 세상을 하나로 연결한 인생 책 탑을 표현할게요."

인생 책 탑을 쌓는 데 30초면 충분했다. 누가 봐도 핑크 펭귄이었다. 결과는 창의적 책 탑 쌓기 1등.

비니하니가 앞선 인터뷰에서 핑크 펭귄이라 말한 이유가 있었다. 나는 빌 비숍의 《핑크 펭귄》이라는 책을 통해 비니하니와 많은 대화를 나눴다. 책에서는 마케팅 용어로 '펭귄 프라블럼'이라는 용어를 사용했는데, 요즘 교육 현실을 잘 반영하고 있다고 생각했다. 그래서 비니하니와 펭귄이 나오는 자연 다큐멘터리 프로그램을 함께 시청했다. 그러면서 이런 대화를 나누었다.

"저 많은 펭귄 중 너희가 있다면 찾을 수 있겠니?"

"아니요."

"그러면 저 무리에 핑크색 펭귄이 있다면?"

"한 번에 찾을 수 있어요."

"그래. 얼핏 보면 색깔도 크기도 다 똑같아 보이는데, 중요한 건 모두 다 다른 존재라는 사실이야. 아빠 엄마는 주입식 교육을 통해 너희가 세상에서 존재감이 없는 블랙 펭귄이 되지 않기를 소망해. 인성과 지성, 영성을 갖춘 자기 정체성이 뚜렷한 핑크 펭귄이 되어 선한 영향력을 나누는 비니하니가 되길 기도하고 있어."

대한민국은 교육에 특화된 나라이다. 이번 코로나 19 사태로 온라인 개학이라는 발 빠른 시도를 통해 다시 한 번 그 저력을 세상에 알렸다. 해마다 평가되는 국제 학업 성취도는 중고등학생 가릴 것 없이 항상 상위권을 유지한다. 지금도 대한민국 교육 시장이 시들지 않는 꽃처럼 같은 모습을 유지하고 있음을 볼 때 확실히 대한민국 교육은 성과도 있고, 장점도 많다.

하지만 단점도 많다. 입시 중심 교육, 주입식 암기 위주의 교육, 경쟁 지향, 학벌 지향, 스펙 쌓기 등 대한민국 교육의 문제점은 일일이 열거하지 않아도 누구나 알고 있다. 균형적 발전을 꾀해야 할 학교는 대학이라는 한 가지 목표만을 추구하게 만드는 천편일률적 인재(人材)를 만드는 공장이 되어버린 지 오래다. 그런 공장과 같은 학교에 속한 학생들에게서 생기나 열정은 찾아보기 어렵다. 교실에서는 비속어와 욕설이 난무하고 집단따돌림 같은 학교폭력이 자주 일어난다. 자살로 내몰리는 학생들도 점점 증가하고 있다. 사교육 시장의 규모가 역대 최고 수준을 날마다 갱신하면서 공교육은 그만큼 추락하고 있다. 이와 같은 교육환경 속에서 자라날 아이들의 미래와 대한민국의 미래가 솔직히 염려스럽다.

《사피엔스》의 저자 유발 하라리는 "지금 학교에서 배우는 것의 80~90%는 아이들이 40대가 됐을 때 별로 필요 없는 것일 가능성이 크다", "지금 학생들이 학교에서 지식을 배우는 마지막 세대가 될 것"이라는 경고를 보냈다. 그런데 대한민국 많은 부모들은 '자신만의 성공 방정식'에 사로잡혀 이런 경고를 애써 무시하고 있는 것 같다.

교육이라는 말의 어원은 '밖으로 끄집어내는 것'이다. 많은 부모는 경험과 체험을 통해 안에 있는 것들을 밖으로 끄집어낼 수 있도록 이끌어야 한다. 교육한다고 하면서 자꾸 주입만 시키면 안 된다.

주입식 교육에만 길들여진 아이는 정답 없는 세상과 위기 앞에 아무 것도 할 줄 아는 게 없는 사람으로 서게 될 가능성이 크다. 부디 '성적'과 '학력'을 높여주는 것이 교육이라 생각하지 않았으면 좋겠다. '실력'과 '학력(學力: 배우는 힘)'을 길러주는 것이 교육이다. 아울러 공부란 단순한 지식 습득이 아니고, 인간답게 사는 법을 끊임없이 배우는 것임을 잊지 않았으면 좋겠다.

오늘날 교육의 세계적 흐름을 보면 경쟁 위주의 학습보다는 상생과 협력을, 비판적 사고(critical thinking)에서 한 발 더 나아가 창조적 사고(creative thinking)를 강조한다. 하버드대학이 뉴욕 타임스를 통해 발표한 '대학이 필요로 하는 인재상'은 '사회에 좋은 영향을 끼칠 학생인가?'이다.

인간은 원래 궁극의 이기적 존재이다. 그래서 대부분 그 이기심을 100% 채우기 위해서 이기적으로 산다. 하지만 인간은 함께 살도록 만들어진 존재이기에 절대 100%를 채우지 못한다. 궁극의 이타심을 갖고 남을 위해 사는 자만이 궁극의 이기심을 100% 채울 수 있다. 이 놀라운 비밀이 바로 성경에서 말씀하고 있는 황금률이다.

> 너희는 먼저 그의 나라와 그의 의를 구하라. 그리하면 이 모든 것을 너희에게 더하시리라.(마 6:33)
>
> 그러므로 무엇이든지 남에게 대접을 받고자 하는 대로 너희도 남을 대접하라. 이것이 율법이요. 선지자니라.(마 7:12)

이 비밀을 아는 우리 부부는 비니하니에게 주입식 교육을 하지 않는다. 인간답게, 조화롭게 살 수 있도록 교육한다.

〈단무지 책탑 쌓기〉

3:4:3의
법칙으로 성장하기

지금까지 살면서 공식적인 설교를 5,000번 이상은 한 것 같다. 아이들 대상, 부모 대상으로 특강도 많이 했다. 하고 나면 늘 아쉬움 뿐이다. 그런데도 직접 찾아와 '은혜 많이 받았다', '좋은 메시지로 감동받았다'라며 인사해주는 분들이 많았다. 개인적으로 문자를 보내주는 분들도 꽤 여럿이었다. 반면 설교든 강의든 시작 전부터 끝날 때까지 무표정으로 시종일관하는 사람도 있었다.

설교와 강의는 그렇다 쳐도 찬양 인도할 때 시무룩한 사람을 보면 좀 민망하다. 소수였지만 내가 찬양 인도하는 것을 싫어하는 사람도 있었다. 그런 모습을 안 보고 싶어도 앞에서는 다 보인다. 찬양은 주님께 드리는 건데 뭐가 그렇게 불만일까 싶으면서도 그런 반응이 나로 인한 것이라 생각하면 미안한 마음도 들었다. 며칠 지나면 여지없이 불만 섞인 피드백이 귀에 들려왔다. 15년 넘은 지금은 일상처럼 되어버렸지만, '내가 뭘 잘못했나?', '어떤 부분에서 실수했나?' 하는 생각에 잠 못 이룬 적도 많았다.

그런데 몇 년 전 3:4:3 법칙이라는 것을 알고부터 상황이 바뀌었다. 이 법칙은 심리학에서 사용하는 법칙으로, 사람이 살아가는 데 어떤 무리에서든 10명이 모이면 3명은 내가 아무것도 안 해도 나를 지지하는 유형의 사람이고, 그중 4명은 내가 뭘 해도 별 관심 없는 사람이고, 나머지 3명은 나를 불편해하는 사람이라는 내용이다. 심리학으로 바라본 확률적 통계이지만, 내가 실제 삶 속에서 매일 느끼는 부분이었기에 이 법칙을 알고부터는 세상을 더 지혜롭게 바라볼 수 있게 되었다.

지금은 시청하고 있지 않지만 몇 년 전 비니하니와 함께 〈런닝맨〉이라는 예능 프로그램을 볼 때였다. 3:4:3 법칙이 유재석과 연결되어 비니하니와 대화를 시도했다.

"애들아. 유재석 삼촌을 싫어하는 사람이 있을까? 유재석 삼촌은 안티 없는 우리나라 대표 연예인이라고 하잖아."

"다른 사람보다 선한 영향력도 많이 나누고, 아빠가 늘 강조하는 언행일치의 삶을 살기 위해 노력하는 분이지만 안티가 조금은 있겠죠? 만약 안티가 단 한 명도 없다면 신이겠죠."

"신이라……. 안티는 신도 벗어날 수 없지. 사람이 얼마나 자기 프레임이 강한데. 예수님도 공생애 동안 얼마나 많은 안티가 있었니? 바리새인들과 사두개인들 등등. 심지어 제자 중에 예수님을 판 사람도 있잖아. 그래서 심리학에 3:4:3 법칙이라는 게 있어."

"그게 뭔데요?"

"쉽게 말해, 내가 속해 있는 공동체에 10명이 있다면 3명은 무조건 나를 지지하는 사람, 4명은 뭘 해도 별 관심 없는 사람, 나머지 3명은 뭘 해도 나를 싫어하는 사람이 있다는 거지."

"그럼 유재석 삼촌도 해당되겠네요?"

"드러나지는 않지만 분명 자기 프레임으로 이유 없이 싫어하는 사람이 있을 거야. 유재석 삼촌이 데뷔하고 특별한 개인기가 없어 긴 시간 무명으로 활동한 것만 봐도 알 수 있지. 하지만 그때 포기하지 않고 자기를 지지하는 3의 사람들을 위해 정말 노력했어. 노력과 성실! 거기다 언행일치하는 삶이 성품으로까지 이어지다 보니 무관심이었던 4의 사람들이 지지하게 되고, 이유 없이 반대하는 사람들도 서서히 마음이 바뀌어 안티가 거의 없는 연예인이 된 거라 생각해."

비니하니에게 삶 속에서 잊지 않도록 3:4:3 법칙을 통한 교훈을 자주 대화로 알려준다. 너희가 아무리 잘해도 싫어하는 사람이 있으니 개의치 말고 너희를 좋아해주는 사람들을 위해 최선을 다하라고 일러준다. 그러면 관심 없는 4에 속한 사람들에게 선한 영향력을 나눌 수 있다고 믿음을 준다.

"세상을 바라보는 너희 눈도 3:4:3 법칙이 적용될 수 있으니 See the Unseen(보이지 않는 것을 보려는 노력)해서 사실 너머 진실을, 진실 너머 진리를 볼 수 있도록 늘 노력하자. 겸손하게."

얼마 전 자녀 교육 관련 특강을 다녀왔다. 3시간이 넘는 시간 동안 최선을 다했다. 더 잘하지 못한 아쉬움이 컸지만, 나름 15년 비니하니를 교육한 노하우와 솔루션을 드렸기에 대부분 만족할 거라 생각했다. 어떤 분은 강의 끝나고 찾아와 반짝거리는 눈빛으로 연신 감사하다 인사를 해주었다. 그분들이 작성한 소감문은 인생의 본질과 자녀 교육에서 뭐가 중요한지 제대로 알게 되었다며 칭찬 일색이었다.

하지만 하루가 채 가기도 전인 다음날 지인으로부터 강의 내용 중 불만스러웠던 점을 들을 수 있었다. 그런 의도로 말한 게 아닌데 참석한 부모 중 어떤 분이 자기 프레임으로 왜곡되게 받아들여 상처 받았단다. 이 강의를 위해 몇날 며칠을 밤새우며 준비한 상황을 지켜본 아내는 속상해서 울었다. 아내를 다독이며 말했다.

"속상해하지 말아요. 나는 이런 피드백이 오히려 감사한걸. 내가 세계적인 강사도 아니고, 이제 자녀 교육 관련 메신저로 본격적으로 활동하게 될 텐데, 이런 피드백이 없으면 어찌 바른 메시지를 전달할 수 있겠어요. 칭찬 일색인 3의 반응도 감사하지만, 나머지 7인 그분들 반응이 나를 더 성장시킬 수 있으니 감사함으로 받읍시다."

우리 부부는 완전한 존재가 아니다. 우리 부부는 지금 이 책을 읽는 독자들에게도 3:4:3 법칙에 따라 평가를 받고 있을 것이다. 그들의 반응에 일희일비하며 에너지를 낭비하고 싶지 않다. 우선 부모로서 비니하니 앞에 언행일치하는 부모가 되기 위해 에너지를 집중할 것이다. 자녀를 교육하면서 어려움을 겪고 있는 단 한 가정을 돕는 데 에너지를 집중할 것이다.

그러다 보면 언젠가 우리 부부의 자녀 교육법에 지지하는 3이 7이 되고 8이 되는 그날이 오지 않겠는가.

자녀 교육의 목적을
정하고 소통하라

"어머니, 자녀 교육에서 가장 중요한 것이 무엇일까요?"

상담 요청한 부모에게 가장 먼저 하는 질문이다. 이 질문에 주저함 없이 대답하는 부모는 여태껏 한 명도 못 만났다. 초등학교 1학년을 키우는 부모나 서른 살 청년을 키우고 있는 부모나 다 똑같았다. 모두 자녀 교육을 위해 최선을 다했는데, 가장 중요한 게 뭔지도 모르고 최선을 다한 것이다.

부모의 주저하는 반응을 보면 나폴레옹의 일화가 생각난다. 100만 대군을 이끌고 알프스산맥을 넘던 나폴레옹이 한 봉우리에 이르러서 "이 산이 아닌가 보다"라며 탄식하고, 올라왔던 길을 되돌아 내려간 뒤 다른 봉우리에 올랐다. 그러고는 "아까 그 산이 맞았나 보다"라고 했고, 결국 많은 병사가 추위와 배고픔에 쓰러졌다는 이야기. 비록 우스갯소리일 뿐 역사적 사실은 아니지만, 이 일화가 지금 각 가정에서 역사적 사실이 되어가고 있는 것만 같아 마음 한구석이 씁쓸하다.

자녀 교육에서 가장 중요한 것은 무엇일까? 부모의 교육 철학, 교육 마인드이다. 가정에서 자녀 교육의 목적 혹은 방침을 분명하게 인식하고 있어야 한다. 목적이 없으면 제대로 된 결과를 기대하기 어렵다. 명확한 교육의 목적과 방향성이 필요하다.

그렇다면 자녀 교육의 궁극적 목적은 무엇일까? 자립이다. 말 그대로 홀로서기를 돕는 것이 자녀 교육의 목적이자 방향성이다. 사람은 열아홉 살에서 스물한 살이면 스스로 독립할 수 있게 된다고 한다. 그런데 현실은 서른이 되고 마흔이 되어도 독립할 능력이 없어 부모의 품 안에 웅크리고 있는 자녀들이 많다. 왜 그럴까? 하나에서 열까지 가르쳐주었기 때문이다. 자립을 도와주는 교육을 하려면 가르치지 말아야 한다.

아이를 교육할 때 20년 뒤를 생각해야 한다고 한다. 하지만 4차 산업혁명 시대에는 10년 뒤, 어쩌면 5년 뒤를 생각해야 할지도 모른다. 확실히 불확실성의 시대이다. 눈에 보이지도 않는 코로나 19 바이러스 하나가 전 세계를 꽁꽁 묶었다. 우리나라 100대 기업 가운데 절반 이상이 10년 사이에 물갈이됐다. 100대 기업의 몰락 요인으로 '성공에 대한 자만, 변화를 거부하고 현실에 안주한 것'을 꼽고 있다. 이런 상황 속에서 부모 세대의 성공 방정식에 맞춘 자녀 교육은 실패할 수밖에 없다. 그나마 소신과 확신으로 밀고 나가는 부모는 낫다. 많은 부모는 자기 자녀를 키우면서 옆집 엄마 이야기를 경청한다. 같은 반 친구 엄마 이야기를 신뢰한다. 자신의 자녀 교육 방침이나 목적이 뚜렷하지 않다. 그러니 엄청나게 희생하면서 자녀에게 뭔가를 계속 해주고 있지만 불안해할 수밖에 없다.

불안해하는 부모들은 불안을 해소하기 위해 전문가를 찾기도 한다. 그리고 전문가의 조언과 처방에 의지하여 자녀를 교육한다. 그로 인해 불안이 사라지면 좋겠지만 오히려 불안이 더 커지기도 한다. 많은 전문가들이 부모의 불안을 이용해 더 자극하는 마케팅을 펼치기 때문이다. 결국 전문가를 따라가다 불안의 소용돌이에 빠지고 만다.

부모가 자녀 교육의 목적을 분명히 세우려면 부부가 서로 소통하는 것이 우선이다. 나는 부부가 상담 오면 자녀 교육의 목적을 반드시 물어본다. 그러면 여지없이 각자 다른 목적을 이야기한다. 그러면 카누를 예로 들어준다. 부부가 한 배를 탔는데 서로 다른 방향을 보고 앉았다. 한쪽에서 엄마가 자잘하게 여러 번 노를 젓는다. 다른 한쪽에서는 아빠가 가끔 무심한 듯 크게 휘이 하고 노를 젓는다. 어떤 가정의 배는 그래서 제자리에 멈춰 있고, 어떤 가정은 이동하긴 하는데 목적지 없이 윤형방황(輪形彷徨)한다. 이런 배를 탄 자녀는 불행할 수밖에 없다. 그 불행에서 벗어나려면 자녀 교육의 목적을 명확히 해야 하고, 부부가 같은 목적을 가질 수 있도록 끊임없이 소통하며 힘을 조율해야 한다. 그것이 이루어지면 자녀와의 소통을 완성해야 한다.

나는 고등학생 시절 아버지를 따라 미사리 조정경기장에 종종 갔다. 그때 카누나 조정 경기를 보며 골인 지점을 향해 전력 질주하는 선수들의 모습이 매력적이라 생각했다. 한편으론 골인 지점을 통과한 선수들의 기진맥진한 모습 또한 머릿속에 생생하게 남았다. 이 지친 모습에서 우리는 자녀 교육의 지혜를 찾아낼 수 있다. 나는 그 지혜를 부모들에게 종종 전한다.

카누의 경기 방식은 레이싱, 슬라럼, 폴로, 세일링, 투어링으로 구분된다.

1) 레이싱
잔잔한 물에서 속도를 겨루는 경기로 1인승, 2인승, 4인승 경기가 있다.

2) 슬라럼
급류/역류에서 장애물을 통과하는 모험 같은 경기이다.

3) 폴로
카약을 타고 수구와 비슷한 경기를 한다.

4) 세일링
카누에 돛을 달고 항해하는 것으로, 기본 요트경기와 흡사하다. 한 면이 바람의 방향과 일치되어야 한다.

5) 투어링
전형적인 레저 활동으로 가족이나 친구끼리 캠핑할 때 적합하다.

속도전을 펼치는 레이싱을 위한 노 젓기는 금방 지친다. 때로는 노를 젓다 지쳐서 분노한다. 손에 들었던 노가 어느 순간 소중한 도구에서 무거운 짐이 되기 때문이다. 그런 상황을 맞으면 다시는 그 배를 타고 싶지 않을 것이다. 자녀 교육은 레이싱이 아니라 투어링이 되어야 한다. 온 가족이 같은 목적지를 향해 여유롭게 노를 저어 가는 것이다. 그러다 보면 자녀는 4차 산업 혁명의 거대한 바람의 힘과 방향을 읽어 세일링할 수 있을 것이다. 때로는 인생의 급류와 역류 같은 장애물을 만나도 슬라럼 하면서 안전하게 통과할 수 있게 될 것이다.

이제 카누를 통해 배운 우리 부부의 자녀 교육 방침이자 목적을 소개하겠다.

1. 비니하니가 스물다섯 살에 자립할 수 있도록 돕는다.

2. 티칭하지 말고, 코칭하고 멘토링하자.

3. 끊임없이 소통하고 힘을 조율하자.

언젠가 비니하니에게 물은 적이 있었다.

"너희들은 우리 가족의 소통과 유대감의 정도가 대한민국 가정 중 몇 퍼센트라고 생각하니?"

"1등일 것 같은데요?"

깜짝 놀랐다. '상위 1% 정도'라는 대답을 내심 기대하긴 했지만, 1등이라니. 1초의 망설임도 없이. 그동안 두 사내아이를 키우면서 나름 끊임없이 노력했던 결실을 거둔 것 같아 기뻤다.

사실 우리 가정이 처음부터 소통을 잘했던 것은 아니었다. 소통을 잘 못하니 당연히 유대감도 좋지 못했다. 나는 엄격한 아버지 밑에서 자라서인지 친구 같은 아빠가 되어주고 싶었다. 그래서 어릴 때부터 스킨십 많이 하고 같이 놀아주고 대화를 많이 하면 되는 줄 알았다. 어쨌든 비니하니가 일곱 살, 다섯 살이 될 때까지는 이것이 잘 통했다. 아이들은 말을 잘 들었고, 비니하니를 본 주변 사람들도 칭찬 일색이었다. 그렇게 자녀 교육에 성공하는 줄 알았다.

백향목교회 부목회자로 사역의 기회가 생겨 박상완 담임목사님과 면접을 하게 된 날, 목사님께서 가족과 함께 목양실로 오라고 하셨다. '면접인데 가족과 함께?' 의아했지만, 온 가족이 목사님을 찾아갔다. 목사님께서는 천사 같은 미소로 반겨주셨고, 우리 부부의 에고그램 결과를 가지고 2시간 가까이 상담을 해주셨다. 상담하는 내내 소파에 인형같이 앉아 있는 비니하니를 보며 나는 내심 자랑스러웠다. '그래, 역시 잘 키웠어' 속으로 생각했다. 그 모습을 유심히 지켜보신 목사님께서 말씀하셨다.

"심 목사님, 아이들 정말 잘 키웠네. 그런데 '너어어무' 잘 키웠어. 이대로 자라면 아이들은 나중에 성인 아이 증상이 나타날 수 있어요."

사실 인정하기 싫었다. 내가 그동안 얼마나 노력했는데, 저렇게 말 잘 듣는 아이들 요즘 없는데, 내가 볼 땐 문제 없는데 뭐가 문제란 말인가. 집에 돌아와 한동안 목사님의 말씀을 마음에 담고 살았다. 그러던 어느 날, 다 함께 밥을 먹는데, 막내 규한이가 음식을 먹다가 바닥에 흘렸다. 그런데 다섯 살짜리 어린 것이 "헉!" 소리를 내며 아빠 눈치를 보는 게 아닌가. 그 순간 목사님께서 하신 말씀이 뇌리를 스쳤다.

'아! 저거구나!'

등에 식은땀이 흘렀다. 내가 애를 잘 키운 게 아니라 정말 잘못 키우고 있었던 것이다. 며칠 뒤 똑같은 상황이 벌어졌다. 규한이는 여전히 아빠 눈치를 보며 긴장했다. 나는 재빠르게 아내 쪽을 바라보며 마치 못 본 듯 행동했다. 한참 뒤 슬쩍 보니 규한이는 떨어진 음식을 다 정리하고 밥을 먹고 있었다. 이후로도 여러 차례 반복된 행동이 나타날 때마다 나 또한 애써 모른 척했다. 그런 일이 수십 차례 지나갔을까. 마침내 음식을 떨어뜨려도 아빠 눈치를 안 보는 자유로운 규한이를 볼 수 있었다.

더 큰 문제는 규빈이가 열 살 때 발생했다. 어려서부터 아이들을 유난히 예뻐했기에 나는 내 자녀에게만큼은 화를 안 낼 줄 알았다. 사건의 발단은 비니의 눈물에서부터 시작되었다.

어느 날 비니가 몸에 안 좋은 인스턴트 식품을 먹고 싶다고 했다. 아토피로 수년간 고생했기에 나는 "그 음식은 몸에 안 좋으니까 절제했으면 좋겠어"라고 하며 반대했다. 둘째 규한이는 "네" 하고 바로 수긍했는데, 규빈이는 갑자기 화장실로 달려가더니 한참 울고 나왔다. 처음엔 얼마나 먹고 싶었으면 울까 싶었는데, 이후 다른 상황에서도 반사적으로 눈물을 흘리면서 방으로 들어가는 일이 늘어났다. 그 모습에 슬슬 화가 나기 시작했다. 결국 규빈이가 또 울던 날,

나는 화를 참지 못하고 터뜨렸다.

"심규빈! 울지 마! 얼른 가서 눈물 닦고 와."

축 처진 아이의 자그마한 어깨와 겁먹은 눈동자를 보면서 1분도 안 되어 후회가 밀려왔다. 다시는 안 그러겠노라 다짐 또 다짐했다. 하지만 훗날 똑같은 상황이 발생했을 때 그 다짐은 힘을 잃었다. 내 속에서 무언가 꿈틀대면서 화가 터져나왔다.

어느 날부턴가 아이들이 눈치를 보기 시작했다. 그토록 싫어했던, 소통하지 못하는 부자지간이 되어가는 듯했다. 아빠로서 아이들을 사랑으로 품어주고 싶은 마음은 큰데, 유독 규빈이가 흘리는 눈물만 보면 왜 낯선 반응이 나오는 것일까? 이 문제를 어떻게 해결해야 할까 고민하던 중 최성애 박사의 《내 아이를 위한 감정코칭》 책을 읽으면서 문제점을 찾게 되었다. 바로 부모인 내 자신의 초감정을 제대로 알지 못한 것에 문제점이 있었다. 이 책에서 말한 것처럼 부모가 자기 감정을 제대로 이해하지 못하는 상태에서는 감정코칭을 제대로 할 수 없다.

내 초감정을 알아야만 했다. 책 속에 있는 가트맨 초감정 점검 리스트를 활용해 내 초감정을 알아갔다. 그리고 나름 좋은 아빠라고 생각했는데, 아이의 감정을 무시하는 축소 전환형, 억압형 부모가 바로 나였음을 알게 되었다. 나는 당장 대화법부터 바꿔나갔다. 지금껏 아이를 탓하고, 벌주고, 고치라고 말했다면, 이제부터 '3단계 나 전달법' 말하기를 시도했다.

3단계 나 전달법(SER 화법)

상황(Situation) - **감정**(Emotion) - **요청**(Requestion-Request+question)

1. 먼저 상황에 대해 중립적으로 말한다. (S)
2. 그때의 감정을 묘사한다. (E)
3. 원하는 바를 요청한다. (R)

나는 이 화법을 나름대로 기억하기 쉽게 만들었다. 그래야 바로 바로 필요한 상황에 써먹을 수 있다고 생각했기 때문이다. 내가 응용해서 만든 화법은 바로 '예~썰(SER) 화법'이다.

비가 오나 눈이 오나 사랑하는 자녀 앞에서 '나 전달법'으로 감정코칭 할 수 있는가? 예~썰(SER)!

나는 이 '문답'을 주문처럼 외웠다. 그리고 이 화법을 바로 아들에게 적용했다. 속으로 '예~썰(SER), 할 수 있어' 다짐하며 조심스럽게 대화를 나누었다.

그 어떤 약이 이보다 효과가 빠를 수 있을까. 이 화법을 사용한 뒤로 아이들과 질문하고 답하며 대화하는 양이 놀랍도록 많아졌다. 소통하고, 공감을 주고받기 시작한 것이다. 그것을 증명이라도 하듯 아이들은 달라졌다. 자기들 방을 청소하는 놀라운 변화를 보여주었다. 이 습관을 유지하겠다며 21일 동안 조금도 흐트러짐 없이 방과 책상을 관리하는 지속력까지 보여주었다. 여름방학 때는 자신들이 바인더를 통해서 시간을 지배하고 싶다며 만들어 달라고도 부탁했다.

"내가 바란 것은 아버지의 따뜻한 눈길 한 번, 다정한 말 한마디였소!"

영화 〈사도〉에 나오는, 아버지를 향한 사도세자의 마지막 마음의 메시지이다. 무수리의 자식이라는 이유로 평생을 출신에 대한 열등감에 휩싸여 완벽주의를 지향했던 영조! 단 한순간이라도 소통하며 유대감 좋은 아들이 되고 싶었던 사도세자! 만약에 영조가 자신의 초감정을 잘 알고 감정코칭을 잘했더라면 비극의 주인공이 되지 않았을 것이다.

훗날 영조처럼 생각할 사(思), 슬퍼할 도(悼) 하지 않기 위해 나는 오늘도 우리 가정의 소통과 유대감을 쌓는 일에 최선을 다하고 있다. 아무래도 그 노력을 아이들이 알아준 것 같다. "1등일 것 같은데요?"라는 대답이 그냥 나온 것은 결코 아니다.

부모의 그림자를
아름답게

내겐 특별한 은사(달란트)가 있다. 교회에서 사역할 때 아이를 보면 부모가 누구인지, 어떤 교육 가치관을 따르고 있는지 거의 다 맞힐 수 있었다. 어쩌면 은사라기보다 수천 명의 아이와 부모, 가정을 돌아보면서 축적된 빅데이터의 활성화가 실시간으로 이루어지고 있다고 표현하는 것이 맞을 수도 있겠다.

처음 만나는 아이와 30분 정도 대화하다 보면 그 가정환경이 어떠한지, 부모가 어떤 분인지, 평소 어떻게 아이를 대하는지가 보인다. 100% 정확할 수는 없겠지만, 실제로 아이의 부모를 만나서 상담을 하면 사전 관측이 대개 맞아떨어진다. 한 가지 놀라운 점은 아이가 부모의 말투와 사고방식을 스펀지처럼 빨아들여 닮아 있음을 보게 된다는 것이다. 결국 아이의 문제행동의 원인이 부모에게 있음을 발견하게 된다. "이 세상에 나쁜 아이는 없고 나쁜 부모만 있을 뿐이다"라는 말이 괜히 있는 게 아니다.

아이는 부모의 거울이라고 한다. 교육적 측면에서 부모가 모범을 보이면 아이가 모방한다는 뜻으로, 긍정적인 측면으로 이해할 수 있다. 실제로 거울에 비치는 모습은 관리가 가능한 앞모습이 전부다. 헤어스타일, 화장, 옷매무새 정도 신경 쓴다. 그런 모습을 보고 아이들도 그대로 따라 하기에 조금 더 신경을 쓴다. 하지만 여기서 많은 부모가 간과하는 사실이 있다. 바로 자신은 정작 못 보는, 거울에 비치지 않는 뒷모습까지 아이가 보고 따라 한다는 사실이다. 거울 앞에서 화장하는 모습도 배우지만 화장 후 화장대 뒤처리하는 모습도 배운다. 쉽게 말하면 부모의 긍정적인 면도 배우지만 부정적인 면도 배운다는 것이다. 신기하게도 부정적인 면은 더 잘 배운다.

아이들을 유심히 관찰하면 긍정적인 모습보다 부정적 모습이 특히나 두드러진다. 그런데 부모는 전혀 눈치 채지 못한다. 마치 우리가 하루 24시간 동안 활동하면서 내 그림자를 전혀 인식하지 못하는 것과 같다. 나는 밝은 모습이고 싶은데 그럴수록 그림자는 더욱 짙어진다. 나는 그대로인데 상황에 따라 그림자는 변화무쌍하다. 결정적으로 그런 그림자는 항상 내 뒤에 존재한다. 아이는 부모의 그림자(뒷모습)를 보고 배우고 완성된다. 나는 그것을 연결해 '그림자 교육'이라 칭한다. 부모의 거울보다 그림자 교육을 더 중요하게 생각한다.

'그림자'는 칼 융이 주창한 심리학적 개념이다. 융 심리학의 대부인 이부영 씨의 저서 《그림자》에서 그림자란 자아로부터 배척되어 무의식 속 억압된 성격 측면으로 자신이 갖고 있으나 모르고 있는 모든 것이라 설명한다. 융은 그것이 '존재하는가 존재하지 않는가'의 문제가 아니라 '인식하는가 인식하지 못하는가'의 문제라고 말한다. 그래서 어떤 부모는 전혀 인식하지 못하기도 하고, 애써 부인하기도 하는 것이 아닌가 싶다. 앞에서 다루었던 초감정의 문제와도 비슷하다. 사람이 사람다워지려면 그림자의 의식화가 중요하다. 의식화된 그림자의 극복책으로 '그것을 실현하라'라고 강조한다.

주일 저녁 사역을 마치면 옷부터 갈아입는다. 넥타이를 푸는 순간 긴장감이 사라진다. 가장 편안한 복장으로 갈아입고 TV 리모컨을 찾는다. 그 시간이 마침 〈런닝맨〉을 방송할 때라 아이들과 함께 편안한 자세로 시청한다. 꽤 긴 시간 동안 시청하다 아내가 차려준 밥을 먹고 채널을 이리저리 돌려본다. 비니하니를 끌어안고 TV를 보다 보면 어느새 밤 10시가 넘는다. 월요일 새벽예배를 준비하기 위해 아이를 재운다.

몇 년 전까지 주말을 보내는 나의 일상이었다. 일주일 내내 새벽예배로 잠이 모자라는 상황 속에서 긴장의 끈을 늦추지 못하는 각종 사역을 마무리하는 주일 오후 시간은 보상받는 시간으로 TV를 시청했다. 스트레스를 해소하기 위해 개그 프로를 시청했지만 한바탕 웃고 나서도 개운하지 않았다. 뭔가 아이들에게 미안한 마음도 들었다. '주말마다 퍼져 있는 아빠의 모습을 그대로 보고 배울 텐데' 하면서도 그냥 쉬고 싶었다. 소통과 유대감을 위해 평소에 노력하는 부분들이 많았지만, 주말에 늘어지는 습관은 좀처럼 개선하려 들지 않았다. 미래를 준비하는 삶이라기보다는 하루하루 사명감으로 버티는 수준의 삶이었다. 그 와중에도 다음세대와 가정회복이라는, 주신 비전과 기도 제목을 놓지 않았다.

그러던 중 2017년 5월 27일, 3P자기경영연구소를 알게 되었다. 그곳에서 '독서법'과 '자기경영'에 대해 배우게 되었다. 그때부터 바인더라는 것을 매일 기록하면서 시간관리, 지식관리, 목표관리를 하기 시작했다. 다양한 독서를 통해 유대인을 뛰어넘는 명품 가정을 세우는 방법들을 찾고 적용하기 시작했다. 3P독서 기본과정 필독서인 《청소력》이란 책을 통해 마이너스 자장을 제거하라는 교훈을 얻고 우리 가정에 적용했다.

또 다른 여러 자기계발서에서 환경설정의 중요성을 배웠다. 배움 뒤에 거실 환경을 바꿔버렸다. 나는 비니하니와 소통하기 원하는데, 거실에 소파가 있었다. 나는 책을 읽기 원하는데, 거실에 대형 TV가 있었다. 바쁘다는 핑계로 아이들에게 책 한 번 읽는 모습 보여주지 못했다. 이런 환경에서 과연 어느 자녀가 좋은 습관을 만들어갈 수 있겠는가? 비니하니와 조금 더 많은 대화의 기회를 갖기 위해, 독서 시간을 확보하기 위해 나는 거실에 큰 6인용 테이블과 의자를 세팅했다. TV를 거실에서 없애고, 그 공간을 책으로 채웠다. 자꾸 눕게 만드는 소파도 베란다로 빼버렸다. 그게 전부였다. 환경을 바꾸는 데 그다지 어려움이 없었다. 그랬더니 내 삶이 바뀌기 시작했다. 주말에 TV를 보러 소파에 앉을 수가 없었다. 자연스럽게 둥근 테이블에 앉아 책을 보기 시작했다. 아침저녁으로 바인더에 시간 기록을 하기 시작했다. 비니하니도 자연스럽게 TV 보는 시간이 대폭 줄어들었다. 아빠 엄마가 책을 읽을 때 같이 테이블에 앉아 책을 읽고, 바인더를 쓸 때 같이 시간을 기록하며 자기경영하는 시간이 늘어났다. 책을 읽으라고 잔소리할 필요가 없었다. 거실에 나오면 책 읽고 토론하고 대화하기 딱 좋은 널찍한 테이블이 우리 가족을 환영하고 있었다.

이후로 우리 가족은 하루 평균 독서의 시간과 대화의 시간이 대폭 늘어났다. '미라클 가족 독서 모임'이라는 가족만의 건강한 문화도 만들었다. 대화의 내용이나 수준도 달라졌다. 글을 쓰고 있는 지금 이 순간도 비니하니는 자연스럽게 내 맞은편에 앉아 하루를 돌아보는 바인더와 미래 저널을 쓰고 있다. 그 미래 저널엔 독서를 하고 바인더를 쓰는 아빠 엄마가 존경스럽고 자랑스럽다는 내용의 글이 여러 군데 기록되어 있다.

자녀의 교육이나 습관에 관해 상담을 요청하는 많은 부모에게 제일 먼저 확인하는 것이 환경이다. 과연 자녀가 원하는 만큼 공부할 수 있는, 스마트폰이나 게임 중독 같은 나쁜 습관에서 자유로울 수 있는 환경을 구축하고 있는지를 확인한다. 하지만 부모 대부분은 환경 구축에 대한 개선의 여지가 별로 없다. 환경 구축이나 개선은 크게 어렵지 않다. 책을 읽는 아이로 키우고 싶으면 부모가 책을 읽으면 된다. 바인더를 쓰고 시간관리를 하는 아이로 키우고 싶으면 부모가 바인더를 꾸준히 쓰면 된다.

　지금, 아이는 부모의 그림자를 보고 잘못된 편견과 가치관을 배우고 있다. 자녀 교육의 핵심이 뭐냐고 나에게 물어본다면 그림자 교육이라고 말하고 싶다. 다시 한 번 기억하자. 나쁜 아이는 없다. 나쁜 부모만 있을 뿐이다. 내 그림자를 인식하는 것에서부터 가정의 변화는 시작될 것이다.

비전을 품고 광야로

엑소더스(에크:밖으로, 호도스:길), 광야, 모세의 지팡이(리더십), 40

백향목교회에서 사역한 지 3년 차 되는 해, 새벽기도를 드릴 때마다 마음으로 주신 이미지이다. 다른 기도를 해도 마지막엔 꼭 이 이미지가 선명하게 그려졌다. 그중 40이라는 숫자가 계속 마음에 걸렸다.

'40? 내 나이를 말하는 건가? 그럼 2년 뒤인데 2년 뒤 교회를 나가라는 건가?'

물론 말도 안 되는 이야기였다. 오래전부터 교회를 경영하는 자가 아닌, 혼탁한 시대에 한 영혼을 사랑하는 목자의 마음을 가진 목사님을 멘토 삼고 싶어 기도했다. 주님 보시기에 기쁨이 될 만큼 바르게 목회하는 목사님을 만나게 해달라는 기도의 응답으로 백향목교회 박상완 담임목사님을 만났다. 그 후 하루하루가 행복했다. 담임목사와 부목사가 마음을 열고 함께 동역하기 쉽지 않지만, 주변 부목회자들에게 소문이 날 정도로 서로 돕는 반려자가 되었다. 담임

목사님 은퇴 이후에도 평생 부목사로 함께 동역하고 싶다는 기도가 절로 나올 정도였다.

'그런데 2년 뒤 나가라고? 말도 안 돼.'

사실 부정하는 그 마음속 깊은 곳엔 불안함이 더 크게 자리 잡았을지도 모르겠다.

그 이미지가 내게 주신 비전이라면 앞이 캄캄할 수밖에 없었다. 다음세대를 이집트에서 이끌어 가나안 땅으로 인도한 모세는 40년 왕궁에서의 경험과 40년 광야 경험이 있어 탁월한 리더십이라도 있었다. 하지만 나는 할 줄 아는 게 없는데 무슨 수로 다음세대를 이끈단 말인가? 내 리더십이 무엇인지 그리고 앞에 펼쳐질 광야는 어떤 광야인지 기도할 때마다 계속 질문했다. 속 시원한 답은 나오지 않고 몇 개월이 정체된 상태로 지나갔다. 그러다 한순간 이런 답이 떠올랐다.

'비니하니를 자녀로 선물해 주시면서 자녀 교육에 대해 깊이 고민하게 하시고, 교육 부서를 15년간 맡으며 아이들과 가정의 문제점을 보게 하신 것이 모세의 40년 훈련의 시간이 아닐까?'

그게 곧 광야에서의 리더십이지 않을까 싶었다. 그렇다면 자녀 교육과 부모 교육이 나의 광야이리라. 어느 날 주신 비전에 대해 아내와 대화를 나누었다. 대화 중에 아내가 책 한 권을 건네주었다. 《본깨적》이라는 책이었다.

"본깨적? 제목이 독특하네. 그런데 독서법도 돈 주고 배워야 하는 건가?"

책을 좌르르 넘겨 대충 살펴보며 던진 말이었다. 그런데 이상하게 마음이 계속 이끌렸다. 독서법의 핵심은 적용이라는 말, 독서와 삶을 연결해주는 바인더라는 낯선 도구, 자기경영이라는 생소한 단어 덕분에 그 자리에서 일독할 수 있었다. 책을 읽은 후 이런 생각이 밀려왔다.

'그래! 나부터 변하자. 독서와 시간관리, 목표관리, 지식관리 같은 자기경영이 안 되는 사람이 어떻게 다음세대에 리더십을 발휘할 수 있겠어.'

독서와 바인더 사용법을 교육해주는 3P자기경영연구소 홈페이지에 들어갔다. 부목회자 한 달 사례비로는 엄두를 못 낼 교육비(30만 원)에 일단 기가 질렸다. 하지만 흔쾌히 허락해주는 아내 덕분에 용기가 났다. 나는 그 용기로 3개월 할부로 결제했다.

드디어 2017년 5월 27일 3P자기경영연구소에서 교육하는 3P프로과정을 시작으로 교육 과정에 입문했다. 이어서 6월 10일 독서 기본 46기, 6월 23~24일 독서 리더 14기, 7월 17일 건강 독서 경영 8기, 8월 19일 오피스 파워 정리력 3기, 12월 8~9일 3P 코치 31기, 2018년 1월 19~20일 초등보물찾기 코치 9기 과정까지 쉬지 않고 수강했다. 그 과정 가운데 충격적인 모습을 목격했다. 바로 예시바 대학 도서관의 모습이었다. 유대인들이 하는 공부는 우리가 수십 년간 당연하게 생각했던 공부가 아니었다. 그들은 그냥 책을 읽는 게 아니라 다른 사람과 의견을 나누고 소통했다. 그 소통을 통해 자기

의견을 발전시키고 책의 깊은 의미를 발견했다. 충격을 받은 나는 이후 유대인들이 어떻게 교육하고 공부하는지 책을 찾아보았다. 그 과정에서 유대인 교육의 장점과 한국 교육의 장점을 모은 한국형 교육공동체를 만들고 싶다는 생각이 들었다. 가정이 자녀 교육의 핵심이 되어야 하며, 그 역할을 온전히 감당할 수 있도록 돕는 네트워크를 제공해주고 싶었다. 아울러 그렇게 연결된 가정공동체가 협력해서 다음세대를 제대로 교육해 대한민국의 국가 경쟁력을 높이는 인재를 배출하고 싶었다. 이웃을 경쟁상대가 아닌 서로 돕고 소통하고 유대감을 쌓는 관계로 세워가고 싶었다.

산업화 시대를 살아온 지난 40년간 우리 교육의 목적은 경쟁이었다. 하지만 미래에는 경쟁 위주의 교육이 아니라 관계 공동체, 협동 학습, 지역과 함께하는 교육이 필요하다. 그래야만 유대인을 뛰어넘을 수 있는 한국형 미래 인재가 배출될 수 있다. 나는 한국형 미래 인재를 배출하는 교육 방식을 적극적으로 추진하고 싶었다. 아울러 부모로서 중학교 때부터 홈스쿨링을 시작하는 비니하니에게 건강한 교육공동체를 선물로 주고 싶었다.

몇 개월간 생각을 정리하다 보니, 주신 비전의 의미가 명확해졌다. 하지만 의문은 계속 남았다.

'나이 40이 되어서 과연 잘하고 있는 교회 사역을 그만둘 수 있을까?'

할 수 있었다. 2017년 12월 31일, 나는 우려와는 달리 주님 보시기에 가장 아름답고 선한 방법으로 사역을 마무리할 수 있었다.

교회 사역을 마무리한 나는 마음속으로 외쳤다.

'이제 본격적으로 비전을 향해 달려가자!'

하지만 그 뒤부터가 광야의 시작이었다. 나는 신도바이오실크 회사의 선교사역 비전을 돕기 위해 잠실까지 출퇴근했던 아내에게 퇴직을 권했다. 생활비가 당장 제로가 되는 상황이지만 부부가 자녀교육을 위해 한 방향으로 집중해야 할 때라 생각했다. 아내는 동의했다. 덕분에 1년간 수입이 제로였다. 말 그대로 광야의 이스라엘 백성들에게 내려주시던 만나와 메추라기를 의지하며 살 수밖에 없었다. 쌀이 똑 떨어진 적도 있었다. 그것도 두 번이나. 놀랍고 감사한 것은 두 번 다 그다음 날 전혀 기대하지 않았던 분들에게 쌀을 공급받았다는 사실이다. 버티고 버티다 교회에서 찬양 인도할 때 썼던 애지중지하던 기타를 팔아 생활비로 쓰기도 했다.

그 와중에도 센터 아이들이 점점 많아져서 더 큰 계획과 꿈을 꾸었다. 그중 하나가 25평 이상의 단독 센터 공간을 갖는 꿈이다. 머지않아 그 계획과 기도 제목이 드디어 현실이 되었다. 뇌종양으로 천국에 가신 어머니를 모시려고 어렵게 구매했던 아파트 1층 전체를 리모델링해서 '체인지 인문교육 코칭센터'를 세워갈 계획을 2019년 3월부터 본격적으로 구체화하기 시작했다. 5월 정식 오픈을 목표로 하나둘 차근차근 준비해 나갔다. 그런데 마음만큼 안 따라주는 것은 역시나 재정이었다. 센터에서 공부할 아이들이 쾌적한 환경에서 따뜻한 엄마 품 같은 느낌을 받으며 소통하며 공부할 수 있도록 리모델링하고 싶었다. 그런데 기본적인 것만 준비해도 1,000만 원 정도가 필요했다. 당장 쌀 20kg 사는 것도 고민될 정도인데 1,000만 원이라니. 숨이 턱턱 막히는 비용이었지만, 꼭 필요한 과정이기에 사명으로 알고 진행했다. 인건비를 줄여 단 10만 원이라도 아껴보려고 몸부림쳤다.

주님께서 그 몸부림을 안타깝게 여기셨을까? 어느 날 내 스마트폰에 낯선 이름으로 입금 확인 문자가 도착했다. 1,000만 원? 내가 잘못 봤나 싶었다. 당시 상황에 100만 원도 큰돈이었는데, 1,000만 원이라니. 계좌로 들어가서 확인했는데 확실히 1,000만 원이었다. 처음 보는 이름의 주인공이 누구인지 궁금했다. 10분 뒤 사촌 동생에게서 전화가 왔다. 곧 비밀이 풀렸다. 계좌에 입금해주신 분은 다름 아닌 사촌 동생의 시어머니였다. 사촌 오빠가 목사인데 다음세대 교육을 위해 노력하고 있다며 블로그 글을 여러 번 보여드렸더니, 시어머니가 대한민국에 꼭 필요한 일을 하신다며 힘드실 텐데 적은 돈이나마 후원하고 싶다며 보내셨단다. '이 체인지 센터를 반드시 세우라고 도우시는구나'라는 생각이 제일 먼저 들었다. 나는 센터에서 자라게 될 아이들만 생각하기로 했다. 이후에도 크고 작은 후원의 손길들이 이어졌다. 이런 극적인 후원의 손길 덕분에 체인지 센터를 차질 없이 준비할 수 있었다.

2019년 5월 7일. 의미를 더하고 싶어 규빈이 생일날로 오픈 날짜를 맞췄다. 그리고 마침내 백향목교회 사역자들과 감사예배로 체인지 인문교육 코칭센터의 역사를 시작할 수 있었다. 이날 박상완 목사님은 체인지 센터가 사도 바울의 두란노 서원같이 쓰임 받으라 축복해주셨다. 두란노 서원에서의 사역의 큰 특징은 에베소로 제한되지 않았고, 아시아 전 지역으로 확대된 것이다. 또한 유대인에게 제한되지 않았고, 헬라인에게까지 확대된 것이다. 그 사역을 가능하게 만든 바울이 따로 세운 제자들은 A disciples가 아니라 The disciples였다. 이런 The disciples를 세우는 '체인지 인문교육 코칭센터'가 되리라, 나는 다짐했다. 체인지 인문교육 코칭센터가 센터 안에만 제한되지 않으며, 각 가정으로, 교회로, 동백 지역으로, 대한민국 전체로, 세계로 확대되기를 꿈꾸었다. 한 사람 한 사람이 삶으로 경험하고 체험하며(體) 올바른 인격과 성품을 갖춘(仁), 지혜와 지성을 갖춘(知) 인재로 체인지(Change) 되는 곳으로 성장하기를 기도했다.

동백이라는 작고 아름다운 동네에 체인지 인문교육 코칭센터가 세워졌다.

자존감이 바뀌는(Change),

정체성이 바뀌는(Change),

병든 가정이 바뀌는(Change),

나라와 민족을 바꿀(Change) 수 있는

그곳.

5차원 전면교육으로
미래 인재를 꿈꾸다

'체인지 인문교육 코칭센터'를 열기까지 우여곡절은 이루 말할 수가 없었다. 많은 사람이 회의적으로 바라볼 때 묵묵히 주신 소명을 따라 한 걸음, 한 걸음 걸어갔다. 그러다 보니 많은 기적과 은혜를 체험하게 되었다. 무엇보다 값진 것은 만남의 기적이었다.

2019년 5월 7일은 '체인지 인문교육 코칭센터'를 2년간 기도로 준비하며 오픈한 역사적인 날이다. 그때 마음에 주신 작은 목표는 2019년 12월까지 20명의 아이를 코칭하는 것이었다. 아내는 주변에 어떻게 홍보할 것이냐고 물었다. 전단지? NO! 아파트 광고 게시판? NO! 나는 다른 학원처럼 광고하지 않겠다고 했다. 우리는 가르치는 곳이 아니라 아이를 코칭하고 인생을 멘토링하는 곳이기 때문에 주님께서 연결해주는 아이와 가정에 집중하겠다고 했다. 그런데 11월 1일을 기점으로 체인지 센터에 등록하고 코칭을 받는 아이들이 20명을 넘어섰다. 게다가 절반은 먼 지역에 사는 아이들이었다. 동네학원이라면 불가능한 일이었다. 전단지 한 장 돌리지 않고, 외부로 인원 모집 광고를 전혀 하지 않은 상황에서 일어난 일이라 우리 가족은 그저 감사할 수밖에 없었다. 감사할 일은 거기서 멈추지 않았다.

다음세대를 위한 바른 교육, 부모와 자녀 간의 유대감을 통해 가정을 회복한다는 비전을 품고 체인지 센터를 세워가면서 알게 된 한 분이 있다. 바로 5차원 전면교육 학습법을 만들어 전 세계적으로 선한 영향력을 끼치고 있는 원동연 박사님(KAIST 미래 교육 연구위원장)이다. 책과 미디어를 통해 알고는 있었지만 가까이하기엔 너무 멀리, 높이 있는 분으로만 알고 있었다. 2년 전, 3P자기경영연구소 기획팀장이자 《기획자의 경험》 저자인 장주영 팀장과 교육에 대한 비전 나눔을 하던 중, 오늘의 장주영 팀장을 있게 한 교장 선생님이자 멘토이신 분이 바로 원동연 박사님임을 알게 되었다. 장주영 팀장도 앞으로 하게 될 교육 사역에 원동연 박사님의 교육법이 도움이 될 것 같으니 박사님과 만남의 자리를 만들어보겠다 했다. 하지만 각자의 여러 사정 때문에 다음을 기약하게 되었고, 언젠가 꼭 만날 수 있기를 기도하며 체인지 센터를 세워가는 일에 집중했다.

비니하니와 더불어 20명의 아이가 미래 인재상으로 성장하는 데 어떤 도구가 좋을까 고민하던 중 결정하게 된 것이 바로 마인드맵이다. 아이들 영혼을 사랑하고 좋은 것을 줄 수 있는 선생님을 만나게 해달라고 기도하던 중 우연히 그것도 극적으로 25년간 마인드맵 강사로 활동하고 있는 현상진 선생님을 만나게 되었다. 사연을 들은 선생님은 흔쾌히 인천에서 동백까지 와주셨다. 그렇게 '체인지 마인드맵 스쿨'을 진행하게 되었고, 짧은 시간임에도 불구하고 마인드맵을 배우는 아이들은 크게 성장할 수 있었다. 1기 과정을 수료하는 날, 진실과 사랑으로 코칭하는 현상진 선생님께 감사의 마음을 담아 식사 자리를 마련했다. 식사하던 중 이런저런 이야기를 나누다가 현상진 선생님께서 뜻밖의 제안을 해주셨다.

"목사님, 아까 규빈이와 차 타고 오면서 이런저런 이야기를 나눴는데요. 내년에 러시아의 한 학교에서 체인지 센터에 방문해 교류할 계획이라면서요? 규빈이가 그때 영어로 직접 그들과 소통하고 강의를 듣고 나눌 수 있으면 좋겠다고 하던대요. 그래서 말인데, 센터 아이들에게 영어를 가르칠 계획이 있으시면 좋은 분 소개해드릴까 합니다."

"안 그래도 마인드맵 과정 이후에 아이들에게 다음으로 주고 싶은 것이 영어였는데, 추천해주신다는 게 어떤 건가요?"

"원동연 박사님의 5차원 영어 학습법입니다."

"네? 원동연 박사님이요? 아니, 원동연 박사님을 어떻게 아시나요?"

"제가 원동연 박사님 최측근에 있으면서 영어를 배우고 있거든요. 영어 울렁증이 있는 사십대인 제가 영어식 사고와 발음, 말하기가 되더라고요."

"와! 안 그래도 2년 전부터 원동연 박사님 만나 뵙고 싶었고, 센터 아이들에게도 그 학습법을 전해주고 싶었는데, 이렇게 연결이 되나요?"

인생 가운데 이렇게 소름 돋고 설렌 적이 또 있었을까 싶었다. 내가 그토록 원동연 박사님을 만나기 원한 이유는 무엇일까? 박사님의 교육 철학과 방법이 내가 추구하는 것이기 때문이다. 내가 하나하나 실천하며 체계화시켜 나가고 있는 교육법을 박사님은 이미 20년 프로젝트로 전 세계에서 성과로, 열매로 입증하신 분이기 때문이다.

원동연 박사님은 대한민국을 이끌어갈 다음세대 가운데 이상한 일들이 일어나고 있음을 감지한 분이다. 영어 성적은 좋지만 영어를 못하는 아이들, 역사 성적은 좋지만 역사의식이 전혀 없는 아이들, 윤리 성적은 좋지만 사기 치는 아이들, 체육 성적은 좋지만 건강하지 못한 아이들, 수학과 과학 성적은 좋지만 비이성적이고 비논리적인 아이들이 많은 것은 정말 이상한 일이었다. 또한 성적은 좋으나 실력은 없는 아이들이 많은 것도 현실이었다. 이런 현실에서 원동연 박사님은 시험 위주의 교육이 아닌 새로운 교육 체계의 필요성을 느끼고, 문제 해결을 위해 KAIST에서 연구하기 시작했다.

원동연 박사님은 아이를 제대로 변화시키고 성장시킬 수 있는 핵심이 '수용성'에 있다고 말한다. 똑같은 수업을 들어도 핵심을 파악하는 사람이 있고 농담만 기억하는 사람이 있듯, 배움을 받아들이는 마음의 자세, 즉 수용성을 바꿔야 함을 강조한다. 이것이 박사님의 5차원 전면교육 학습법의 '핵심'이다.

상기한 것처럼 원동연 박사님의 5차원 전면교육 학습법은 한국 교육 현장의 성적과 실력의 괴리에서부터 출발했다. 중국, 몽골, 카

자흐스탄, 탄자니아 등 해외 여러 곳에 5차원 학습법을 도입한 학교들을 세웠고, 한국에서는 세인 고등학교, 벨 국제학교, 동두천 중고등학교를 비롯해 현재 DGA 디아글로벌 학교 등에서 5차원 전면교육을 시행하고 있다.

바로 그 원동연 박사님이 우리 센터에 찾아오신 것이다. 박사님은 8주간 이민휘 선생님과 함께 5차원 영어를 아이들에게 교육해주셨다. 그리고 이런 말씀을 남겼다.

"목사님, 목사님 부부와 가정은 이미 준비가 정말 잘 되어 있네요. 목사님 가정과의 만남이 정말 흥미로운데, 하나님께서 어떻게 일하시는지 지켜봅시다. 그리고 내년부터 체인지 센터를 DGA 학교로 세워가는 것을 목표로 해봅시다. 정말 기도 많이 해주셔야 합니다."

꿈같은 일이었다. 2년 전 원동연 박사님의 존재를 알고 마음 한 구석에 소망하기는 했었다. 10년 정도 뒤 5차원 전면교육을 박사님과 함께 대한민국 가정에 알리기를. 그런데 불과 2년 만에, 센터를 세운 지 6개월 만에 박사님께 직접 이런 제안을 듣게 되다니!

지금도 여전히 꿈만 같다. 꿈을 꾸면서 나는 멋진 그림을 하나 그려본다. 내년 즈음에는 원동연 박사님의 5차원 전면교육 학습법을 도입하여 지(知), 덕(德), 체(體)를 함양한 체인지(change)된 센터 아이들의 멋진 모습을. 거리가 있어 5차원 전면교육을 받고 싶어도 못 받았던 아이들이 지역마다 교육의 혜택을 누리며 건강한 미래 인재가 되는 그날을.

공부가 싫다면
비전 멘토링으로

"너는 왜 공부하니?"

만나는 아이들에게 이 질문을 던지면 열에 아홉은 이렇게 대답한다.

"몰라요."

"엄마가 시켜서요."

"친구들이 하니까 어쩔 수 없이 해요."

아이들은 꿈이 없단다. 왜 사는지 생각해 본 적도 없단다. 아이들 눈빛 속에는 빨리 이 지긋지긋한 공부에서 벗어나고 싶다는 마음만 한가득이다.

아이들은 왜 하나같이 공부를 싫어할까? 공부의 필요성을 전혀 못 느끼고 있기 때문이다. 부모는 나중에 다 필요하니 잔소리 말고 공부하라고 다그친다. 맞벌이라도 해서 최고의 학원을 보내주고 최고의 과외 선생님을 붙여줄 테니 시키는 대로 따라오란다. 좋은 교육은 그게 아니다. 좋은 교육은 목적지를 제대로 알려주고, 그 목적지에 도달하는 데 필요한 방법을 알려주는 것이다. 자녀는 어떤 목적지에 갈 것인지를 알면 어떤 교육이 필요한지 스스로 알게 되고, 자기 주도적으로 공부할 수 있게 된다. 그러면 자연스럽게 티칭의 역할이 제한된다. 이미 최고의 티칭 콘텐츠는 온라인상에도 넘쳐난다. 안타깝게도 티칭은 목적지를 제대로 알려주지 못한다. 그 목적지에 도달하는 방법을 곁에서 끊임없이 알려주지 못한다. 정답 없는 세상에서 정답만을 알려주는 티칭은 3차 산업혁명 시대를 기점으로 마무리했어야 했다. 부모 세대가 더 잘 알지 않는가. 대학을 졸업해도 교과서에서 한 번도 배우지 못한 정답 없는 인생 문제들이 우리를 얼마나 주저앉게 만드는지.

4차 산업혁명 시대는 불확실성의 시대라고 한다. 이 불확실성에 맞서 싸울 수 있는 아이로 키우려면 아이 인생에 전반적으로 함께하는 코칭을 넘어 멘토링이 필요하다. 나는 멘토링이 아이들을 살릴 수 있을 거라 믿는다. 이 믿음은 나만의 것이 아니다. 멘토링의 놀라운 비밀을 알고 오래전부터 이런 교육 환경과 방법을 자녀들에게 제공해온 민족이 있다. 정치, 경제, 법조, 교육 등의 분야에서 세계적으로 두각을 나타내며 리더십을 발휘하는 유대인이 그들이다. 그들은 여전히 가장 작은 민족으로 뿔뿔이 흩어져 살고 있다. 그런데 그 민족적 일치성, 탁월성은 세계 최고 수준이다. 어떻게 이런 일이 가능할까? 답은 멘토링이다. 그들은 가정과 학교에서 멘토링 방식으로 교육하고 있다.

유대인들은 어릴 때부터 부모에게 토라 경전을 통해 탈무드 교육을 받으며 신앙적으로 인생 비전을 찾아간다. 또한, 부모에게 직업 전문성을 배운다. 현장에서 함께 일하며 아빠를 배우고, 사업, 경제를 배우며 인생을 공유하는 것이다. 랍비라는 전문가를 통해 삶의 전반적인 지혜를 코칭받기도 한다. 삶 속에서 질문하고 토론하는 문화가 일반적이다. 이런 차별화된 교육환경이 그들을 탁월한 인재로 만드는 것이다. 나는 그런 멘토링을 해주는 멘토가 되고 싶었다.

그런데 내가 추구하는 멘토링은 그냥 멘토링이 아니다. 이 세상에 존재하는 모든 물건은 목적에 맞게 디자인되었다. 아이폰은 스마트폰으로서 디자인된 존재 목적이 있는데 벽돌 기능을 한다면 존재 목적에 맞게 사용되지 못하는 것이다. 이처럼 각 사람도 존재 목적에 맞게 디자인되었다. 그 최종 목적을 비전이라 한다면 모든 사람은 비전을 반드시 찾아야 한다. 그래야만 목적이 이끄는 삶을 살 수 있다.

내가 추구하는 멘토링은 비전 멘토링이다. 학생들은 비전을 통해 삶의 목적지를 파악할 수 있다. 그러고 나면 거기에 도달하기 위해 어떤 것이 필요한지, 무엇을 배워야 할지 스스로 파악하게 된다. 종국에는 시켜서 하는 공부가 아니라, 자신이 필요해서 주도적으로 하는 공부로 바뀌게 된다. 이 좋은 멘토링을 추진하는 데 문제가 있었다. 비전 멘토링을 체계적으로 해줄 무언가가 내게 없었다는 것이다.

마음으로만 비전 멘토링을 품고 있던 나는 우선 비니하니의 멘토가 되어주기 위해 '명품 가정 프로젝트' 미라클 모닝 가족 독서 나비를 시작했다. 매일 아침 6시에 일어나 《아들아 머뭇거리기에는 인생이 너무 짧다》에 등장하는 위인들의 인생 스토리를 읽었다. 위인들의 비전을 공유하고, 닮아갈 수 있는 토대를 마련했다. 그런 가운데 '이원설 박사님'의 스토리를 미라클 체인지 가족 나비 1일 차에 접했다. 생사의 갈림길에서 별들이 전해준 소명의 소리를 들은 이원설 박사님의 우여곡절 스토리는 꽤 도전적이었다. '이런 분을 한 번이라도 만나면 얼마나 동기부여가 될까?'라는 생각이 들었다. 그 마음의 소원이 하늘에 닿은 것일까? 어느 날 백향목교회에 어떤 박사님이 찾아왔다. 미국 캘리포니아에서 왔다는 그분은 바로 이원설 박사님의 수제자이신 샬롬 킴 박사님이셨다.

샬롬 킴 박사님은 세계적인 베스트셀러 《제자입니까》의 저자 후안 카를로스 오르티즈 박사님과 절친 관계이기도 하다. 그분과의 첫 만남은 서프라이징 파티와 비슷했다. 담임목사님께서 체인지 인문교육 코칭센터 사역에 비전 멘토링이 반드시 필요하니 와서 코칭을 받으라고 하셨다. 처음에는 시중에 널린 '진로 탐색'이나 '비전 찾기' 정도의 프로그램인 줄 알았다. 순종하는 마음으로 참석했는데, 생각지도 못한 위인을 만나게 된 것이다. 말 그대로 얼떨떨했다.

샬롬 킴 박사님은 평생을 연구해온 비전 멘토링 과정을 3일 동안 전수해 주셨다. 내가 늘 고민하던 바로 그것이었다. 아이들을 코칭하면서 그토록 절실하게 원했던 비전 멘토링 과정이 차원이 다르게 펼쳐지는 모습을 보며, 직접 체험하며 놀라움을 금치 못했다. 더욱 놀라웠던 것은 한국 기관 중에 백향목교회가 비전 멘토링 시스템 1호가 되게 하려고 샬롬 킴 박사님이 미국에서 먼 길을 오셨다는 사실이었다. 그 영광된 자리에 내가 함께하고 있다니, 정말 믿기지 않았다. 배우는 3일 내내 심장이 쿵쾅거렸다. 몰입해서 배웠다. 모든 아이가 비전 멘토링을 통해 명확한 비전을 찾고, 그 비전을 성취하며 멋진 인생을 살아가는 모습을 그리며…….

지금 나는 4명의 청년을 비전 멘토링하고 있고, 비니하니를 포함해서 10명의 중고등학생을 비전 멘토링하고 있다. 청년 중 한 명은 이미 180도 바뀐 삶을 살고 있고, 체인지 센터를 이끌어갈 준비를 이미 다 마친 비전 멘토로 빚어졌다. 우리의 체인지 센터는 계속해서 비전 멘토링을 통해 영성, 지성, 인성을 겸비한 비전 멘토들을 세워갈 것이다. 그 아이들은 머지않아 또 다른 아이들의 비전 멘토가 될 것이다. 그들은 함께 이 세상을 이끌어갈 것이다.

진짜 수학자를 만나다

"목사님, 이분 꼭 만나셔야 돼요. 목사님과 교육철학이 같은 데다 교육 방법에 날개를 달아주실 분이에요."

"누구시며, 뭐하시는 분이시기에 이렇게 흥분된 목소리로 전화 주셨어요?"

"'말하는 원리수학'을 만드신 분이세요."

"수학이요? 저는 아이들에게 수학 가르쳐줄 생각 없는데요……."

"목사님이 생각하시는 그런 수학이 아니에요."

2019년 4월 어느 날 아침, 김도경 원장과의 통화 내용이다. 그분은 학원을 운영하는 원장이었기에 콘텐츠를 소개해주는 줄 알고 정중히 거절했다. 사실 입시 위주의 수학 공부는 수학 전공자들에게나 필요한 공부라 생각했던 터라 관심을 두지 않았다. 그런데 대화를 들어보니 콘텐츠가 아니라 사람을 추천해주는 것이 아닌가.

대한민국 다음세대가 창의적 인재가 되도록 위해 20년간 교육 현장에서 고군분투하신 분이라는 말을 듣고, 또 만남을 추천하는 원장님도 교육 현장에서 주입식 교육을 하지 않는 분이셨기에 일단 미팅 약속을 잡았다. 다음날 오전 9시까지 의정부로 가야 하는 자체가 부담이라 아침 7시까지 고민했지만, 뭔지 모를 특별한 만남이 될 것 같다는 생각에 아내와 함께 한걸음에 달려갔다.

약속 시간이 임박했을 때 멀리서 수수한 차림의 중년 남성이 우리 쪽으로 걸어왔다. 만나기로 한 대표님이셨다. 첫 인상은 영혼이 순수하고 맑아 보였다. 정중히 인사를 나누고 자연스럽게 대화를 나누었다.

현재 한국 교육의 문제점과 근본적인 문제 해결을 위한 방법들을 나누면서 가정, 부모, 학교, 학원을 키워드로 이야기를 풀어가는 모습을 보며 그분의 진실성을 느낄 수 있었다. 자신이 20년간 개발한 수학 콘텐츠를 통해 수학의 본질에 대해 말씀하시는데, 그 짧은 시간 동안 수학에 대해 부정적이던 내 고정관념이 깨졌다. 입시 수학으로 인해 생긴 오해가 풀린 것이다.

"저는 '사고하는 습성, 연결하는 습성을 키워주는 수학'을 아이들에게 주지 않으면 대한민국 아이들은 점수 높이는 수학으로 창의력을 잃게 될 것이라고 생각합니다. 그래서 저는 학원 사업가가 아닌 제대로 된 교육자를 찾고 있어요."

그 말이 계속 뇌리에 맴돌아 다음 주에 두 번째 만남을 약속했다. 대표님에게도 한 번의 만남이 더 필요할 듯 싶었다. 우리 부부가 진짜 교육자 마인드를 가지고 있는 사람인지 확인하는 시간이 필요할 테니 말이다.

두 번째 만남 후 우리의 믿음은 더 깊어졌다. 대한민국에 이런 수학자가 있다는 사실과 사고하는 창의력을 키워주는 원리를 다루는 수학 콘텐츠가 있다는 사실이 믿기지 않았다. 안 그래도 비니하니의 수학에 대한 고민이 해결되지 않았는데, 하루라도 빨리 비니하니와 앞으로 함께할 아이들에게 말하는 원리수학을 제공해주고 싶었다. 그런데 대표님은 콘텐츠를 세일즈하지 않으셨다. 교육에 계속 나오라는 말뿐이었다. 나중에 알고 보니, 대표님은 지속적으로 말하는 원리수학 콘텐츠를 공부하며 수학적 원리를 터득해 나가는 자들에게만 콘텐츠를 제공해주는 원칙을 갖고 있었다. 말하는 원리수학을 아이들이 제대로 누리기 위해서는 교사나 원장부터 기존 사고방식을 완전히 바꿔야 하기 때문이었다.

처음에 나는 이 나이에 무슨 수학인가 싶었다. 하지만 진도를 나가면서 우주를 포함한 세상 모든 요소에는 수학적 원리가 숨어 있고 연결되어 있음을 뒤늦게 깨닫고는 즐겁게 공부할 수 있었다. 수학의 원리를 차곡차곡 알아가다 보니 어느새 대입 수능 출제 문제도 자연스럽게 풀리는 기적이 우리 부부에게 일어나기도 했다.

비니하니를 눈여겨본 대표님께서 자녀에게 차근차근 시켜보라며 콘텐츠를 주셨다. 호기심을 가지고 달려든 비니하니는 얼마 지나지 않아 주변 사물과 삶 속에 숨어 있는 수학적 원리들을 연결시켜 대화를 주고받기 시작했다. 아이들은 숨어 있는 보물을 찾은 것처럼 기뻐했다.

어느 날 혹시나 하는 마음에 비니하니를 테스트했다.

"너희들, 요요 갖고 싶다고 했지? 요요 안에 담겨 있는 수학적 원리를 5가지만 말하면 아빠가 선물해 줄게."

"우와! 정말요? 잠시만요."

비니하니는 잠시 생각에 잠겼다. 이윽고 하니가 먼저 입을 열었다.

"요요 두 개를 한꺼번에 쫙 돌리면 20번 평행선의 원리가 적용되고요, 베어링이랑 줄이랑 본체가 모여 의미 있는 형태가 되니까 17번 세포의 원리가 적용되고요, 완성된 요요를 분리하면 4번 분리의 원리가 적용되고요, 줄이 달려 있는 건 23번 길이의 원리예요. 그리고 요요가 하나만 있으면 외롭고, 실제로 저만 사면 형도 갖고 싶잖아요? 21번 2의 거듭제곱의 원리를 적용해서 형도 사줄 수 있어요."

이어서 비니가 말했다.

"우선 저랑 규한이랑 한꺼번에 돌릴 때 같은 브랜드라면 29번 닮음의 원리가 적용되고요, 두 개를 같이 사면 묶음 배송되니까 30번 짝짓기의 원리가 적용되고요, 비싼 요요라서 강제 리턴 기술이 사용되는데, 이건 다시 돌아오게 하는 8번 유도의 원리예요. 이게 계속 반복되니까 6번 주기성의 원리도 적용되고, 주머니에 넣고 다니니까 24번 부피의 원리와 25번 넓이의 원리가 적용돼요."

깜짝 놀랐다. 나도 미처 생각하지 못한 원리들을 비니하니는 머릿속에서 요요를 즐겁게 상상하며 그 속에 숨어 있는 원리를 발견하고 연결시키고 있었다. 원리수학 대표님이 늘 강조하던 말씀이 스치는 순간이었다.

"창의 사고력을 키우기 위해서는 연관짓는 습성을 연습하고 확대해 나가야 하는데, 그걸 가장 탁월하게 도와주는 학문이 수학입니다. 그런데 대한민국 수학은 수학 본질의 기능을 잃어버린, 점수만 높이는 수학이에요."

체인지 센터 오픈 전에 만난 비니 친구 정웅이와 말하는 원리수학을 공부하기 시작했다. 그 전에는 동네 수학학원에 다니면서 수학 점수 중간 정도를 유지했던 무기력한 정웅이는 비니하니와 더불어 시작한 지 8개월 만에 확 달라졌다.

현재는 말하는 원리수학 영상을 7,000개나 찍었고, 뇌 구조가 바뀌어 코로나19 시대에도 흔들리지 않는 자기주도하는 학생이 되었다.

1년 전 정웅이를 처음 만났을 때 나는 "중3때 동백에서 서번트 리더십을 갖춘 의미 있는 전교 1등을 하자"라고 목표를 제시했다. 그때 정웅이는 나를 이상한 사람이라 생각했다. 그런 정웅이가 내년이면 중3이 된다. 얼마 전 정웅이가 스스로 고백했다.

"목사님, 이대로만 가면 저 내년에 전교 1등 할 수 있을 것 같아요. 목사님과 사모님은 제게 생명의 은인이십니다."

비니하니는 홈스쿨링을 하기에 이런 고백을 들을 수는 없지만, 함께하는 친구가 이런 고백을 대신 해주니 기쁨은 똑같았다. 이 고백을 오직 다음세대를 위해 말하는 원리수학을 20년간 연구하고 만드신 대표님께 다시 돌려드리고 싶다.

"대표님, 대한민국 많은 아이들의 생명의 은인이 되어주셔서 감사드립니다."

〈매직요요 5가지 원리〉

원수를 사랑하는
사람으로 살기를

나는 너희에게 이르노니 너희 원수를 사랑하며 너희를 박해하는
자를 위하여 기도하라.(마 5:44)

성경 말씀 중 가장 부담스러운 말씀이 아닐 수 없다. 여하튼 성경
을 전체적으로 바라보면 크게 두 가지 메시지로 요약할 수 있다.

첫째, 하나님을 사랑하라
둘째, 이웃을 네 몸과 같이 사랑하라.

그래서 성경 말씀은 이렇게 살아야 함을 결론적으로 알려준다.

'하나님을 사랑한다면 네 이웃을 사랑하라'

이 말씀대로 사셨던 대표적인 인물이 있다. 바로 그리스도 사랑

의 실천자 손양원 목사님이다. 일제의 신사 참배 강요에 맞서 저항한 항일 운동가이기도 했던 손양원 목사님은 1948년 10월 두 아들이 반란군에 의해 납치 살해되는 비극의 주인공이기도 한다. 그런데 범인이 국군에 의하여 총살당할 상황에서 구명을 탄원하고, 아들을 죽인 범인을 자신의 양아들로 삼으면서 세상을 놀라게 했다.

나는 목사님의 이 일화를 어릴 적부터 익히 알고 있었다. 지금까지도 던지게 되는 질문은 '나라면 할 수 있을까?'이다. 어릴 때는 가볍게 생각하고 지나갔다. 지금 비니하니의 아빠로서 던지는 질문은 그 자체만으로도 상당히 괴롭다. 그만큼 원수를 사랑하라는 성경 말씀은 목사인 내게도 부담스러운 말씀이다. 그런데 하나님을 사랑한다면 이웃을 사랑하고 원수까지 사랑해야 하는 게 맞다. 비니하니에게 바른 신앙, 건강한 영성을 심어주려면 부모가 먼저 그 말씀대로 사는 것만큼 확실한 것도 없음 또한 알고 있다.

하지만 어떻게 원수까지 사랑할 수 있을까? 솔직히 사랑하기가 쉽지 않을 것 같다. 어떻게 하면 원수를 용서할 수 있을까? 이것 역시 어려웠다. 바탕에 사랑이 없다면 진정한 용서는 불가능하기 때문이다. 나름 찾은 한 가지 답은 '역지사지'였다.

그리고 'See the Unseen'하는 것이었다. 사실, 이 가르침은 어려서부터 어머니께서 삶으로 몸소 보여주신 교훈이었다. 그래서 비니하니에게 인생에서 가장 중요한 것은 'See the Unseen 하는 것'이라고 지금도 강조한다. 다시 말하면, '눈에 보이는 것보다 보이지 않는 것을 볼 수 있는 안목을 키우는 것'이다. 나는 비니하니에게 항상 당부한다.

"모든 것은 '사실'이지만 사실 너머에 '진실'이 있고, '진실' 너머에 '진리'라는 것이 있다는 사실을 잊지 말아라."

어머니의 삶에서 배운 'See the Unseen'은 네 이웃을 사랑하라는 성경 말씀의 실천을 가능하게 만들었다. 규한이가 여섯 살 때의 일이다. 태권도장에서 아내에게 전화가 왔다.

"규한이가 훈련 끝나고 신발장에서 신발 신는 중에, 5학년 형이 급하게 나가면서 스마트폰으로 왼쪽 눈을 쳤대요. 그 바람에 왼쪽 눈 옆이 찢어져서 급히 병원 가서 치료를 받아야 할 것 같다는데, 어쩌죠? 태권도장에서는 그쪽 부모님께도 연락드린대요."

마음이 찢어질 듯 아팠다. 하지만 놀란 아내를 달래기 위해서라도 나는 침착하려고 노력했다.

"규한이 실비보험 들어 있어 다행이네. 우리가 바로 병원 데리고 가서 수술하면 될 테고, 바로 사범님에게 전화해서 그쪽 부모님께 연락드리지도 말고, 스마트폰으로 친 아이에게도 이야기하지 말라고 말씀드려요. 그 아이가 일부러 그랬다면 훈육이 필요하겠지만, 본인도 급하게 나가다가 실수로 그런 것 같은데, 그 실수 두고 덩치큰 어른들이 가서 잘잘못을 따지면 그 아이 또한 피해자가 될 거잖아. 얼마나 무섭겠어. 반대로 생각해봐요. 규한이가 실수로 다른 아이 쳤는데, 그쪽 부모님이 달려와서 규한이 혼낸다고 생각하면 얼마나 마음이 아프겠어. 예수 믿는 우리 가정이 이럴 때 아니면 언제 선한 영향력을 미치겠어요. 상처의 흔적은 남고 마음은 아프지만, 비니하니에게도 좋은 본보기가 될 거예요."

마음이 하나 된 아내는 바로 태권도장으로 연락했고, 우리가 원했던 대로 사건은 은혜롭게 마무리되었다. 후일담이지만, 그 일이 있고 난 뒤로 관장님과 사범님들이 규한이 부모님은 도대체 어떤 분들이기에 요즘 같은 세상에 그런 결정을 하셨냐며 크게 감동했다고 한다. 심지어 관장님과 사범님은 우리 가정이 섬기고 있는 교회에 가보고 싶다며 다른 종교를 가지고 있음에도 불구하고 세 번이나 교회에 와서 함께 예배도 드렸다. 노트북을 가져간 도둑을 전도하려던 사건과 태권도장 사건은 지금까지 비니하니를 훈육할 때 좋은 교구가 되고 있다. 안 좋은 일을 'See the Unseen' 해서 이웃사랑으로 은혜롭게 매듭지을 수 있는 마음을 키워주는 아주 강력한 도구가 되고 있다.

얼마 전 자기희생, 이웃사랑에 큰 동기부여를 주는 책을 비니하니와 본깨적 토론했다. 바로 하형록 회장님의 《페이버》이다. 하형록 회장님은 1991년 서른두 살의 나이에 심실빈맥증을 앓으며 이웃의 심장이 없으면 살 수 없는 죽음의 문턱 앞에 다다랐다. 그때 극적으로 심장을 기증받았는데, 회장님은 그 귀한 심장을 옆 병실 자매에게 양보했다. 회장님은 그 일에 대해 하나님을 신뢰하고 사랑한다면 그와 같은 사랑으로 이웃을 사랑해야 한다고 고백했다. 이 놀라운 이웃사랑의 실천 이후 회장님은 여러 기적들을 체험하며 성공적인 인생을 살게 되었다.

　나는 소망한다. 그리고 기도한다. 이웃을 사랑하고 원수까지도 사랑하는, 은혜로운 삶을 사는 비니하니가 되기를.

인성 골든벨을 울리다

내 뜻대로 되지 않는 게 세상일이다. 살면서 예기치 않은 곤경에 부딪히면 막다른 골목에 이른 것처럼 비관적인 생각이 들기도 한다. 역경지수가 높은 성인은 그런 생각에서 자유로울 수 있지만, 갑작스러운 큰 실패를 경험할 기회가 상대적으로 적은 아이들은 비관적인 생각에 휩싸여 무너지기도 한다. 그러나 하나님은 우리에게 가장 좋은 것을 주길 원하시기 때문에 한쪽 문이 닫힐 때 우리를 위해 또 다른 문을 열어주신다. 새옹지마의 기회를 주신다는 것이다. 나는 비니하니가 어릴 때부터 이를 가르쳐왔다. 덕분에 비니하니는 역경지수가 높은 편이다.

비니가 6학년 때의 일이다. 한성과학고등학교에서 열리는 '제5회 창의 과학 경진대회'에 비니가 백현초등학교 대표로 출전하게 되었다. 생명과학 선생님께서 평소 수업 태도가 좋고 과학에 관심이 많은 비니에게 출전을 제안했는데, 비니가 흔쾌히 도전하겠다고 했다. 나 역시 좋은 경험이 될 수 있겠다 싶어 비니의 결정을 지지했다. 그런데 학교 대표이고 명색이 창의 과학 경진대회라 열심히 공부하리라 생각했는데, 긴장감 하나 없이 여유롭게 대회를 준비하는 모습에 살짝 당황했다. 대회 평가 기준은 표본 만들기와 실험보고서 작성, 골든벨 퀴즈 두 가지였다. 두 가지 모두에 비니는 자신이 있어 보였다.

2018년 10월 6일, 우리는 대회 시작 2시간 전에 도착했다. 예상했던 대로 다들 미리 와서 만반의 준비를 하고 있었다. 각지에서 온 학부모와 아이들이 열심히 문제지를 들여다보며 예습하는 모습은 긴장감이 넘쳤다. 하지만 긴장하는 것은 나뿐이었을까. 비니는 동생과 공놀이를 하며 신나게 놀기만 했다. 그 모습에 조금 허탈했지만, 정말 골든벨을 울리는 것이 아닌가 하는 기대감이 생기기도 했다.

드디어 2시. 경진대회 시작을 알리는 사회자의 멘트가 들렸다. 2층 부모 대기석에서 대회 진행하는 모습을 지켜봤다. 1교시 표본 만들기와 실험보고서 작성이 끝났다. 잠시 쉬는 시간이 주어졌다. 그 짧은 시간에 친구가 되었는지 비니는 다른 아이들과 웃으며 대화했다. 그 모습이 참 인상적이었다.

나는 형을 응원하는 하니에게도 뇌의 스위치 한 개를 켜줬다.

"골든벨 퀴즈 곧 시작할 텐데, 너도 다 맞히면 원하는 선물 줄게."

"정말요? 집에서 형이랑 예상 문제지 갖고 같이 공부해서 거의 다 알고 있는데요?"

동기 부여된 하니가 예상 문제지로 신나게 공부하는 사이, 골든벨 퀴즈가 시작되었다. 부모란 어쩔 수 없나 보다. 한 문제 한 문제

출제될 때마다 비니의 반응에 초집중되었다. 그렇게 어느 정도 시간이 흘러 두 번의 패자부활전을 마치기까지 비니는 잘 생존해 있었다. 점점 탈락자들이 많아져 20여 명 남은 상황에서 다시 문제가 출제되었다. 문제를 다 듣기도 전에 비니가 보드에 자신 있게 기록을 했다. 옆에 앉아 있던 하니도 문제의 정답을 맞힐 만큼 예상 문제 범위 안에서 나온 쉬운 문제였다. 그런데 아나운서가 문제를 다시 읽자 유심히 듣고 있던 비니가 지우개로 답을 지우더니 다른 답을 써 내려갔다. 결국, 첫 번째 썼던 답이 정답이었다. 비니는 재차 문제를 들을 때 너무 깊이 생각해서 어려운 오답으로 고쳐 쓴 것이다. 아쉬운 탈락. 비니는 당황스러웠는지 크게 아쉬워하는 모습을 보였다. 상처받지 않았을까 살짝 걱정됐다. 다행히 탈락자의 자리에서 의외로 태연한 모습으로 나머지 문제들을 맞히고 있는 모습이 포착되면서 안심할 수 있었다. 마침내 골든벨의 주인공이 어떤 여학생으로 결정된 뒤 비니와 재회했다.

"규빈아. 골든벨 못 울려서 매우 아쉬웠지? 아빠는 비니가 골든벨 울리는 모습은 못 봤지만, 대신 더 좋은 모습을 여러 번 봐서 아들이 자랑스럽다!"

"네? 무슨 모습이요?"

"규빈이가 성적에 상관없이 경쟁자일 수 있는 친구들을 배려하고 응원하는 모습을 봤지. 영상으로 다 담아냈어. 저 황동 골든벨은 못 울렸지만, 인성 골든벨을 울리는 모습을 봤단다. 게다가 〈어쩌다 어른〉에 나온 유영만 교수님 알지? 규빈이가 골든벨 탈락할 즈음 아빠 블로그 통해 유영만 교수님과 연락되면서 우리 가족과 만나주신 다는 약속까지 받았어. 비니하니 보고 싶다고 연락 주셨단다."

"와! 정말요?"

"오늘 비니의 실수와 실패는 정말 귀한 거란다. 아빠는 비니하니 가 실수와 실패를 많이 하면 좋을 것 같아. 물론 인성은 최고로 갖춘 채 하기를 바라지만."

영상에 고스란히 담긴 인성 골든벨의 에피소드는 다음과 같았다.

첫째, 그 짧은 사이에 자신보다 훨씬 덩치가 큰 친구를 사귀고, 경쟁자가 아닌, 퀴즈를 함께 즐기고 응원하는 벗으로서 함께하는 비니. 조기에 탈락한 옆 친구가 패자부활전을 통해 복귀하자 손을 들어 하이파이브해 주며 반갑게 맞이해주는 비니. 인성 골든벨 딩동!

둘째, 친구들이 대거 탈락하고 생존자 가운데 한 친구가 인터뷰하는데, 그 친구의 멘트에 손뼉을 쳐서 응원해주는 비니. 인성 골든벨 딩동!

셋째, 나중에 지우개가 잘린 것을 본 엄마가 지우개를 왜 잘랐는지 물어봤는데, 멀리 뒤에 앉은 친구가 지우개를 못 가져와서 자기 지우개를 빌려주기 위해 과감히 칼로 잘라 준 비니. 인성 골든벨 딩딩동!

넷째, 표본 만들기 진행할 때 연필과 폼 보드 없는 친구들에게 자신의 폼 보드도 주고, 연필도 몽땅 빌려준 비니. 그렇게 친구들과 대화 나누던 중에 아이디어가 생겨서 전갈 꼬리 세우는 방법을 달리해서 표본을 만든 비니. 인성 골든벨 딩딩딩동~!

정말 감사하지 않을 수 없었다. 아직 어린 초등학생이고, 전인격적으로 멘토링 받아야 할 부분이 많이 있는 부족한 아이지만 깜짝 놀랄 만한 역사(?)를 삶으로, 언어로 쓰고 있는 비니하니에게.

며칠 뒤 대회를 주최한 기관에서 학교로 상장이 도착했다. 의외로 전체 2등인 '은상'을 받게 되었다. 모두 놀라워하고 또 감사해하고 있는데 비니가 또 하나의 반가운 소식을 전했다.

"아빠! 아빠가 저를 위해 찍어주신 영상을 생명과학 선생님께서 보시고 너무 감동하셔서 대회를 주최한 '창의 과학 교육연구회'에 보냈대요. 근데 그 기관에서 앞으로 '창의 과학 경진대회'를 홍보할 때 영상으로 쓰고 싶다고, 아빠께 써도 되는지 여쭤보라고 하셨어요."

"와! 정말? 당연하지. 정말 감사한 일들이 여러 가지 일어나네."

인생을 살다가 한쪽 문이 닫히면 또 다른 문이 반드시 열린다는 교훈을 또 한 번 체험하는 순간이었다. 살다 보면 때때로 기대한 만큼 일이 잘 풀리지 않는 경우가 있다. 그러나 현실을 비관하지 않고 포기하지 않는다면 복잡하게 얽힌 일들은 자연스럽게 풀리고, 신이 준비해둔 또 다른 문, 더 좋은 문이 열릴 것이다. 그 비밀을 알기에 우리 부부는 늘 긍정하고 감사하는 삶을 살고 있다. 그 삶을 비니하니에게 가르쳤다. 이제는 비니하니가 그 열매를 조금씩 거둬들이고 있다.

자녀를 위해 어떤 좋은 교육을 해줄 것인가에 대해 심각하게 고민하는 부모들을 자주 본다. 비니하니가 경험한 에피소드처럼 자녀들의 인생에서는 절대 좋은 일들만 일어나지 않는다. 그렇기에 세상 기준으로 아무리 좋은 교육을 제공한다 해도 마음 그릇이 잘 갖춰지지 않으면 불평과 원망, 좌절만 가득한 인생을 살게 될지도 모른다. 그래서 '인성'과 '성품'이 필요하다. '긍정'과 '감사'가 절실하다. 오늘도 내가 비니하니에게 제일 강조하는 것들이다.

〈인성 골든벨 울리다〉

체력도 금메달!

점점 학교 운동장이 손바닥(?)만 해지는 것을 본다. 내가 어렸을 적에는 초등학교 운동장도 100m 달리기를 소화할 수 있을 만큼 넓었다. 얼마 전 서울 초등학교 모교를 다녀올 일이 있었는데, 운동이 가능할까 싶을 정도로 운동장이 반 토막 난 것을 보고 놀라지 않을 수 없었다. 비단 우리 모교만 그런 것이 아니라 대부분 학교 운동장이 맘 놓고 뛰어놀 수 있을 만큼의 운동장 크기를 갖추지 못하고 있다. 때문에 요즘 아이들은 환경적으로도 운동할 기회를 박탈당하는 느낌마저 든다. 운동은 절대로 몸만 튼튼하게 하는 것이 아니다. 뇌도 튼튼하게 만든다.

고영성, 신영준 박사는 저서 《완벽한 공부법》에서 운동과 뇌 발달의 상관관계에 대한 아주 중요한 내용을 다루었다. 1995년 캘리포니아 칼 코트만 소장은 우리가 운동할 때 신경세포 내에서 생산되는 단백질인 뇌유래신경영양인자(BDNF)가 증가한다는 것을 발견했다. BDNF는 뇌의 시냅스 근처에 있는 저장소에 모여 있다가 혈액이 펌프질할 때 분비되는 단백질로서 새로운 신경세포를 생성하고 기존 신경세포를 보호하며, 시냅스의 연결을 촉진하는 뇌 가소성에 핵심적인 역할을 한다. 다시 말해 BDNF는 우리의 학습과 기억의 가장 중요한 토대를 마련해주는 것이다. 이 BDNF가 바로 운동할 때 생성된다. 이 외에도 운동을 하면 신경화학 물질인 세로토닌, 도파민, 노르에피네프린의 생성을 증가시키는데, 이 신경화학 물질들은 집중력, 뇌의 각성 상태, 기분 전환을 통한 학습의 긍정적 태도 증가, 인내심과 자제력 등을 높이는 역할을 한다. 결론적으로 운동은 자녀의 뇌가 공부를 잘할 수 있도록 최상의 조건을 제공하는 것이다.

이전부터 운동의 효과를 인지하고 있었기에 비니하니는 어려서부터 최대한 잘 뛰어놀 수 있게 해줬다. 본인들이 원하는 만큼 운동을 시켰고, 거기에 흥미와 지속성을 주기 위해 적절한 기술들을 나이에 맞게 직접 가르쳐왔다. 그런 관심과 꾸준함 때문이었을까. 비니하니가 백현초등학교 4학년, 6학년 대표로 용인시 체육회장배 육상대회에 출전한 적이 있다. 비니하니 모두 100m는 학년에서 제일 빨라 둘 다 100m 경기에 출전하는 줄 알았는데, 비니는 800m에, 하니는 200m에 출전한다고 했다. 염려가 됐다. 나도 소싯적 학교 대표로 서울시 대회에 200m 종목에 출전해 본 경험이 있어서, 중장거리가 얼마나 힘든지 알고 있었기 때문이다.

"너희가 100m 금메달에 도전하고 싶다고 했는데, 왜 종목을 바꿨니?"

"같이 출전하게 된 친구가 100m 도전하고 싶다고 해서 양보했어요."

"그런 에피소드가 있었구나. 그런데 200m, 800m는 100m랑 차원이 다르게 힘든 거 알지?"

"네. 그래서 더 도전하고 싶어요."

내 마음속에서는 걱정과 대견함이 교차했다. 어쨌든 스스로 양보하고, 스스로 도전하는 마음으로 선택한 것이기에, 비니하니를 적극적으로 응원했다.

2018년 10월 11일, 용인시 체육회장배 육상대회가 열리는 날. 가을 날씨 치고는 쌀쌀했다. 육상용 얇은 유니폼만 입고 아침 8시에 운동장에 먼저 도착해서 대기했던 비니하니가 염려스러웠다. 오전 11시, 4학년 200m 경기가 시작되어 하니가 관중석 반대편 트랙에 섰다.

"준비, 땅!"

출발 신호가 울렸다. 한 번도 200m를 제대로 뛰어본 적 없는 하니가 과연 잘 버틸 수 있을까 하는 약간의 긴장감이 생기는 순간 어느새 끝나 버렸다. 결과는 아쉽게 3등. 오버페이스 하면 안 된다고 이야기해줬는데, 긴장해서 초반에 전력 질주를 하는 바람에 막판에 힘을 내지 못한 것이다.

"하니야, 수고했어!"

"아빠 말씀대로 추운 날씨에 떨다가 뛰니까 힘이 떨어졌어요. 불순종해서 이런 결과가 나왔어요."

격려하는 아빠에게 하니는 겸연쩍은 미소를 띠며 이렇게 답했다. 어찌나 귀엽던지 꼭 끌어안아 주었다. 사실 아침에 기온이 뚝 떨어져서 긴 트레이닝복 챙겨 입고 가서 뛰기 직전에 벗으라고, 그렇게 하지 않으면 근육이 긴장돼서 제 실력 발휘하기 힘들다고 조언을 했었다. 그런데 하니는 괜찮다며 유니폼만 입고 갔던 것이다.

오후 2시, 비니가 출전한 800m 경기가 시작됐다. 비니 역시 얇은 옷을 입고 온종일 찬바람을 맞아서인지 그날따라 더 몸이 왜소해 보였다. 아토피를 3년간 앓을 때 음식 섭취를 제대로 못해 다른 또래보다 훨씬 작은 비니였다. 그 작은 몸으로 출발선에 선 비니를 보니 가슴 뭉클했다.

"준비, 땅!"

작은 비니가 달려 나갔다. 초반 오버페이스하지 말라고 일러준 대로 비니는 지혜롭게 페이스를 조절했다. 그날따라 운동장 트랙이 두 배로 커 보였다. 두 바퀴 도는 시간이 왜 이리 길게 느껴지는지 ……. 내가 안절부절못하는 사이 비니는 점차 치고 나가며 다른 친구들과 격차를 벌리기 시작했다. 잘 달리는 비니에게 힘을 더해주기 위해 피니쉬 라인에 뛰어내려갔다.

"규빈아! 잘한다. 조금만 더 힘내자! 막판 스퍼트!"

나를 힐끗 보던 비니는 이를 악물고 마지막 힘까지 다 쏟아부었다. 결과는 조별 예선 1등, 전체 기록 1등! 금메달을 딴 것이다.

우승의 기쁨을 서로 만끽하며 수고한 비니에게 간식을 먹이려는데, 깜짝 놀랄 말을 건넸다.

"아빠, 사실 몸이 무거워질까봐 점심 안 먹었어요. 아빠도 점심 못 드셨을 텐데 제 도시락 같이 드세요."

경기에서 최선을 다하기 위해 이렇게까지 노력하다니! 어느새 훌쩍 커버린 듯한 비니를 한동안 바라보기만 했다.

그날 밤 잠들기 전, 비니하니의 성취감 가득한 한마디가 거실까지 들려왔다.

"아, 드디어 해냈다. 드디어 끝냈다!"

마음속으로 반응해줬다.

'수고했다. 아들들. 오늘 밤 꿈속에서 서로의 목에 금메달을 걸어주면서 맘껏 축제를 즐겨라.'

200m 405번 심규한. 800m 664번 심규빈.

저 백 단위의 숫자들이 비니하니의 신체 건강지수를 나타내는 묵직한 숫자들이 아닌가 하는 생각이 든다. 더 나아가 비니하니의 지(智), 덕(德), 체(體)의 수준을 높여주는 수치로도 보인다. 요즘 부모는 아이들에게 지식을 채워주는 데만 급급한 모습들을 보여 안타까울 때가 많은데, 유영만 교수께서 강의 중 말씀하신 것을 다시 한 번 되새긴다.

"지(智)만 많이 쌓고, 덕(德)과 체(體)는 다 없어져 버린, 부모나 아이나 할 것 없이 지식을 쌓는 일에만 급급한 현실 속에서 기억할 것은, 체험(體)을 많이 하게 되면 가슴에 덕(德)과 머릿속에 지식(智)이 쌓이는 법!"

비니하니는 탁구도 수준급이다. 배드민턴은 학교 대표, 축구도 학교 대표급, 달리기는 용인시 금메달리스트이다. 싫어하는 운동이 없다. 아빠와 운동하는 것을 세상에서 가장 즐거워한다. 그런 다양한 운동을 접하며 즐거워하는 비니하니를 볼 때 이런 생각이 든다.

'머지않아 뇌 가소성 끝판왕이 되겠군!'

〈육상대회 금메달〉

핑크 펭귄이 되다

2018년 5월 5일은 대한민국이 자랑스러운 또 하나의 이유를 찾은 날이다. 대한민국 독서문화를 주도하는 가족 캠프가 있다는 사실을 처음 알고 온 가족이 단무지 독서캠프를 몸소 체험했던 날이기 때문이다. 신선하고 충격적이었던 2박 3일 캠프를 비니하니와 함께한 지 벌써 2년이 지났다. 캠프 마치고 돌아오는 길에 비니하니는 내년에도 단무지 캠프에 가고 싶다고 말했다.

기록하고 말로 선포하면 이루어진다고, 2019년에도 우리 가족은 단무지 독서캠프에 참석하게 되었다. 이번 캠프는 10주년을 맞이하는 행사라 비니하니에게 의미 있는 역사를 함께 쓰는 기회를 줄 수 있었다. 그렇게 특별한 세상에서의 2박 3일을 보내고 마지막 날 오전 10시. 드디어 2019년도 단무지 독서캠프의 마침표를 찍는 비전 선포식이 열렸다. 그리고 뜻깊은 비전 선포식이 끝나갈 무렵 갑자기 강규형 대표님의 목소리가 스피커를 통해 울려퍼졌다.

"예정에는 없었던 건데, 이 자리에 꼭 세우고 싶은 두 선배님이 있습니다. 심규빈, 심규한. 이 자리에 있나요? 얼른 앞으로 나오세요."

그 자리에 함께한 600여 명이 동시에 두리번거렸다. 큰 홀에 순간 적막이 흐르더니, 곧 웅성거림으로 가득 찼다. 비니와 하니는 뜻밖의 상황에 두 눈을 동그랗게 뜨고 나만 바라봤다. 나 역시 영문을 몰랐지만, 눈빛으로 무대를 가리키며 나가라는 신호를 보냈다. 아빠의 신호를 감지한 비니하니는 앞으로 뛰어나갔다.

강규형 대표님이 비니하니를 무대에 세운 후 말씀하셨다.

"제가 이 자리에 선배님 두 분을 모신 이유가 있습니다. 어제 소식을 전해 들었는데, 우리 아이들 행사가 있었잖아요. 행사가 다 끝났는데, 이 두 친구가 끝까지 남아서 청소 다 하고 책상 마무리까지 다 했대요. 그 자리에 있던 선생님들이 전부 감동을 해서 저한테 보고했습니다. 아, 너무 귀해요! 세상에 요맘때 그냥 뛰어나가기 바쁘지 마지막까지 남아서 뒷정리를 한다는 것은 쉽지 않지요. 역시 나비(독서)가 키운 아이들이에요. 참 멋있습니다!"

우리 부부도 비니하니의 행동을 전혀 모르고 있었다. 구체적인 내용이 궁금했다. 나중에 현장에 있던 스태프들이 자초지종을 설명해주었다. 첫날 주제 도서 특강 시간에 주니어들은 유연숙 강사의 '꽃들에게 희망을' 수업에 참석했는데, 수업이 끝나고 다른 친구들은 젤리 간식을 받고 나가기 바쁠 때 비니하니가 강의실 뒷정리와 청소까지 깨끗이 하고 나갔다고 한다. 티도 안 내고 조용히 정리하고 퇴장하는 모습을 수업 후 모여 피드백을 하던 스태프들이 보고 강규형 대표님에게 상황 보고를 했다는 것이다.

비니하니를 참 멋지다고 칭찬한 강규형 대표님은 각각 5만 원씩 용돈까지 주셨다. 그러고는 소감 한마디 하라며 갑작스레 마이크를 건네주었다. 비니하니는 600명 앞에서 전혀 주눅 들지 않고 담대하게 소감을 말했다. 그 와중에도 자신을 지도해 주신 선생님에 대한 감사의 마음을 조리 있게 잘 표현했다. 그 모습이 정말 대견했다.

"저 많은 펭귄 중 너희가 있다면 찾을 수 있겠니?"

"아니요."

"그러면 저 무리에 핑크색 펭귄이 있다면?"

"한 번에 찾을 수 있어요."

"그래. 얼핏 보면 색깔도 크기도 다 똑같아 보이는데, 중요한 건 모두 다 다른 존재라는 사실이야. 아빠 엄마는 주입식 교육을 통해 너희가 세상에서 존재감이 없는 블랙 펭귄이 되지 않기를 소망해. 인성과 지성, 영성을 갖춘 자기 정체성이 뚜렷한 핑크 펭귄이 되어 선한 영향력을 나누는 비니하니가 되길 기도하고 있어."

오래전부터 지속해서 나눴던 이 대화가 비니하니 삶에 열매를 맺어가는 것 같아 감사했다. 내가 감사에 젖어 있을 때 강규형 대표님은 10주년 단무지 독서캠프를 마무리하는 마지막 멘트를 날렸다.

"Non SiBi = Not for myself('나만을 위한 삶'이 아닌 '타인을 위한 삶')."

두 아들의 대견한 모습을 눈앞에서 목격한 탓인지 그 멘트가 더욱 가슴에 아로새겨졌다.

그 멘트를 마음에 간직한 채, 삶으로 하나둘 실천해 나가는 비니 하니의 손을 잡고 캠프장을 나섰다. 우리 가족은 그렇게 단무지 독서캠프 10주년 역사에 의미 있는 마침표를 찍었다.

〈대한민국 핑크 펭귄〉

유럽 여행 vs 400만 원

목사님, 축하드려요~~ ^^ 규빈이 에세이 본선 진출!!!

12월 31일 오전 10시. '정약용 인문학 콘서트' 본선 진출자 명단을 발표하는 날. 바인더에 기록해놓고 깜박 잊고 있었는데, 함께 도전했던 홈스쿨링 가족 어머니로부터 축하 메시지가 왔다. 사실 비니의 정약용 인문학 콘서트 도전기는 의외의 곳에서부터 시작되었다. 비니하니는 각각 초등학교 5학년, 3학년 때부터 바인더 기록을 하면서 시간관리와 목표관리를 해왔는데, 그곳에 꿈 리스트를 하나둘 채우기도 했다. 그러던 어느 날 가족끼리 꿈 리스트 항목 '하.가.갖.되.나(하고 싶은 것, 가고 싶은 곳, 갖고 싶은 것, 되고 싶은 모습, 나누고 싶은 것)'를 나누는 시간에 '가고 싶은 곳'에 유럽을 기록한 것을 보고 대화를 나눴다.

"왜 유럽 여행을 가고 싶니?"

"지금 유럽 역사를 공부하고 있는데, 현장에서 역사의 흔적들을 보고 싶다는 생각이 들었어요. 그들만의 문화를 직접 체험하면서 배우면 삶의 지혜가 생길 것 같아요."

"와우! 그러려면 시간을 여유롭게 잡고 여행을 다녀와야겠네. 하지만 경비가 많이 들 텐데, 어떻게 할 생각이야?"

"그래서 지금 조금씩 용돈이 생길 때마다 모으고 있어요."

"그래, 잘하고 있구나. 그런데 꼭 그 방법만 있는 건 아니잖니? 기왕이면 내 돈 안 들이고 가는 여행을 꿈꿔보는 것도 좋을 것 같은데?"

"어떻게요?"

"예를 들면 기업이나 누군가의 후원으로 가는 여행도 있을 테고, 어떤 프로젝트에 도전해서 지원받을 수도 있겠지? 그게 진정한 핑크 펭귄 아닐까?"

"와! 그렇네요."

그렇게 스치듯 대화를 나눈 뒤 꽤 시간이 흘렀다. 10월 1일. GHSA 홈스쿨링을 함께하고 있는 함석희 집사님이 역사 수업을 위해 정약용 유적지에 함께 갔을 때 아내에게 소식을 전해주었다.

"규빈 어머니! 이리 와 보세요. 정약용 인문학 콘서트라는 게 있는데, 규빈이가 나가면 정말 좋을 것 같아요. 규빈이는 잘할 거 같은데요?"

박물관 입구에 포스터가 붙어 있었다. 아내는 그 포스터를 찍어 스마트폰에 담아 왔다. 저녁때 포스터를 보며 가족 토론을 했다.

"규빈이가 역사를 좋아하고, 특히나 정약용 선생님을 존경하는데 이번 기회가 정말 즐거운 도전이 될 수도 있겠다. 우승하면 해외 연수를 보내준다는데, 꿈 리스트를 성취할 기회라 생각하고 한번 도전해 보는 게 어떠니?"

규빈이는 망설임없이 대답했다.

"네! 저도 도전해 보고 싶어요."

토론은 싱겁게, 하지만 명확한 결론을 짓고 끝이 났다.

우리 가족 모두는 처음 열리는 '2019 정약용 인문학 콘서트' 홈페이지를 방문했다. 우선 대회 일정을 살펴봤다. 응모작 접수까지 20일도 채 남지 않은 상태였다. 논제 기준부터 난도가 높았다. 심사 기준은 전문가들로 구성된 심사위원들이 총 2회에 걸쳐 심사해 부문별로 18명을 선발하고, 그 이후에 다시 TED 식으로 공개발표를 해서 최종 6인을 선발하는 기준이었다. 숨이 턱 막히는 듯한 심사과 정이었지만, 나는 비니에게 단 한마디로 동기부여를 해줬다.

"규빈아, 세상에는 글 잘 쓰는 사람들이 정말 많아. 글을 잘 쓰려고 하지 말고, 우선 남양주 인문학 콘서트가 왜 존재하게 되었는지를 생각하고, 네가 여기에 왜 참가해야 하는지를 생각하면 좋겠어. 그리고 너와 우리 가족의 삶의 이야기, 너의 생각과 마음의 이야기를 연결해서 쓰되 네가 삶으로 실천한 이야기들을 진실하게 담아내면 돼."

동기를 얻은 비니는 한 달이 채 안 되는 시간 동안 자신의 삶과 생각과 마음을 종이 위에 잘 담아냈다. 비니가 쓴 글의 제목은 다음과 같다.

그런데 나중에 홈페이지를 통해 마감 기간이 한 달 연장이 되었음을 알게 되었다.

"아빠! 마감 기간이 한 달 연장되었는데 다시 수정해서 제출할까요?"

"그건 너의 선택에 달렸지. 아빠는 우리 가족과 너의 삶의 이야기를 진실하게 담았다면 굳이 수정하지 않아도 된다고 생각해. 글을 수정하기보다 지금부터 너의 삶을 건강하게 수정하는 데 에너지를 쓰는 게 나을 것 같은데?"

"네, 생각해볼게요."

결국 수정하지 않았다. 그리고 규빈이는 본선 진출자 18명 안에 들었다. 글을 잘 쓰는 아이들이 많은데 비니가 본선에 진출했다니, 감사밖에 나오지 않았다. 이제 남은 것은 2020년 2월 3일 오후 2시 다산 콘서트홀에서 진행될 공개 발표회였다. 그 공개 발표회에서 TED 식으로 발표를 한 뒤 최종 6인의 우승자를 가리게 되는 것이다.

〈정약용 인문학 콘서트〉

드디어 최종 공개 발표회가 시작되었다.

전체 사회를 맡은 아나운서와 6명의 심사위원을 보니 대회의 무게감이 더해졌다. 본선 진출자 17인의 모습을 현장에서 볼 수 있었다. 모두가 긴장한 얼굴로 자신이 준비한 프레젠테이션 자료를 점검하고 대본을 열심히 보느라 정신없는 모습이었다. 비니도 진행자의 요청에 따라 프레젠테이션 자료 최종 점검을 마치고 자리에 앉았다. 떨릴 법도 한데 덤덤하게 그 시간을 즐기는 비니의 모습은 여전했다. 중간 쉬는 시간에 물어봤다.

"안 떨리니? 연습 대본 안 봐도 돼?"

"네. 괜찮아요. 저는 이 시간이 친구 사귈 기회라 생각해서 대기하면서 옆 친구들이랑 대화 나누고 싶었는데, 다들 대본 보고 발표 연습 중이라 방해될 것 같아 말을 못 걸었어요."

그 넉살에 살짝 당황했지만, 관점의 전환이 기특했다. 아니 부럽기까지 했다.

비니는 18명 가운데 두 번째 발표자로 앞에 섰다. 덤덤하게 나가 담대히 발표 잘하는 비니를 보며 떨고 있는 사람은 다름 아닌 나. 비니는 현장 상황 때문인지 집에서 연습할 때와는 중간중간 다른 멘트로 진행했는데, 전혀 막힘이 없었다. 나는 발표 수준을 떠나 무엇보다 심사위원과 청중들 앞에서 기본예절을 잘 지키고 '인성'적으로 발표를 잘한 부분을 크게 칭찬해 주었다.

비니를 제외하고 17명의 아이의 발표를 듣는 3시간 동안 지루함이 전혀 없었다. 어찌나 아이들이 창의적인 콘텐츠를 만들어 발표를 잘하던지, 중학생 수준이 이 정도였던가 싶을 정도였다. '대한민국 미래가 그래도 희망적이다'라는 생각이 들어 행복했다.

모든 발표를 마치고 최종 심사평을 듣는 시간이 있었다. 대표로 심사평을 하는 분은 바로 다산 정약용 선생님의 7대 종손 정호영 선생님이셨다. 역시나 '스킬'이나 '지식'이 아닌 '인성'을 강조하셨다. 모든 순서를 마친 뒤 비니를 데리고 수고하신 심사위원분들께 인사를 드렸다. 그리고 정호영 선생님께도 찾아가 감사 인사를 드렸다.

최종 발표일. 2020년 2월 7일 오전 10시가 되었다. 가족 모두가 컴퓨터 앞에 모였고, 비니가 직접 홈페이지로 들어갔다. 가족 모두가 약속이나 한 듯이 눈으로 빠르게 명단을 확인했다. 약간의 정적이 흐른 뒤, 최종 합격자 명단에서 비니의 이름을 발견한 가족 모두 이구동성으로 환호성을 질렀다. 서로를 축하하며 기쁨을 나눴다. 정약용 인문학 콘서트 최종 6인에 합격! '흠흠신서상'을 수상한 것이다. 나는 과정을 즐기며 정성껏 준비한 비니를 안아주며 진심으로 축하해주었다. 옆에서 항상 배려하고 아이디어를 나눠주며 도와준 하니를 축복해주었다. 무엇보다 가정에서 묵묵히 내조를 잘해준 아내에게 감사했다.

나는 마음속으로 혼자 외쳤다.

'더 넓은 세계를 경험하고 와라. 가자! 14일간의 유럽 해외 연수!'

그러나 비니는 유럽 해외 연수를 떠날 수 없었다. 코로나 19로 유럼 해외 연수가 취소된 것이다. 대신 비니는 400만 원의 상금을 받게 되었다. 생애 처음으로 큰돈을 소유하게 된 비니는 가족회의를 요청했다.

"400만 원이란 상금을 어떻게 사용할 계획이니?"

"우선 소득세 35만 2천 원을 공제하면 365만 원 정도 받으니까, 먼저 십일조 37만 원, 감사헌금 3만 원 드릴 거예요. 그리고 대회 우승하기까지 저 혼자의 힘으로 한 게 아니기 때문에 저를 잘 키워주신 아빠 엄마께 감사 선물로 각각 70만 원씩 드리고 싶어요. 다음엔 할아버지, 외할아버지, 외할머니 용돈 10만 원씩, 정약용 인문학 콘서트 나가보라고 지지해 주신 함석희 집사님 가정에 감사한 마음으로 식사 대접, 그리고……."

"그리고?"

"지난번에 아빠가 씽크와이즈 마인드맵을 가르쳐 주셔서 프로젝트 능력을 키울 수 있도록 해주셨는데, 프로그램을 사용할 수 있도록 저만 용돈으로 노트북 산 게 동생에게 미안해서 동생 노트북 사는 데 100만 원 보태주고 싶어요."

"정말?"

"네. 그래서 동생이랑 씽크와이즈 마인드맵으로 공부를 프로젝트화하고, 같이 교육 콘텐츠도 만들고 싶어요."

"그러면 네 수중에 남는 상금이 없을 텐데 괜찮을까? 아빠 엄마 선물은 안 줘도 돼."

"네, 전혀 문제없어요! 지금 제가 꿈의 학교 '서번트 리더십'에 대해 꿈짱으로 인도하고 있는데, 조금이라도 삶으로 섬기고 나눌 수 있게 된 것이 오히려 감사해요."

비니는 계획한 대로 차근차근 실행했다. 우선 동생 하니의 노트북을 구입해주었다. 며칠 뒤 노트북이 집에 도착했고, 하니는 형 덕분에 인생 최초로 노트북 언박싱을 체험할 수 있었다. 마침내 실체를 드러낸 노트북은 블루컬러를 유난히 좋아하는 하니의 마음을 사로잡을 만큼 멋진 블루컬러 옷을 입고 있었다. 포장을 뜯는 내내 입가의 미소를 감추지 못하는 하니에게 말했다.

"규한아, 소감 한마디!"

"형, 고마워!"

두 자녀가 멋지게 교학상장하고 역지사지하며 황금률을 삶으로 실천하려고 노력하는 모습. 그 모습을 보는 우리 부부가 더 큰 선물을 받은 것 같아 무척 흐뭇했다.

며칠 뒤 규빈이는 주일에 하나님께 십일조 헌금과 감사헌금도 드렸다. 교회에는 굳이 정약용 인문학 콘서트 우승 소식을 알리지 않았기에 큰 액수로 헌금을 드리는 비니를 보며 무슨 좋은 일 생겼냐며 함께 기뻐해 주셨다. 주중에는 외할머니와 점심식사를 한 뒤 주차장에서 깜짝 이벤트를 통해 용돈을 드렸고, 외할아버지께도 용돈을 드렸다. 그다음 날, 오후에 체인지 센터에서 아빠 엄마를 위한 깜짝 이벤트를 진행했다.

"엄마 아빠, 지금까지 저를 키워주셔서 감사하고, 제 삶을 통해 많은 것을 이룰 수 있게 해주셔서 감사합니다. 정약용 콘서트 우승 상금 중 작지만 70만 원씩 엄마 아빠께 선물로 드리고 싶어요."

"와! 아빠도 이런 큰돈 처음 만져본다. 고맙다. 인문학 콘서트 준비하느라 고생 많았고, 사랑해."

"네. 저도 사랑해요."

"중2 아들에게 용돈 받는 기분이 이런 거구나!"

이 모든 과정을 하니가 촬영했다. 우리 가족 행복한 다큐멘터리가 탄생한 것이다.

이후 친할아버지에게도 이사하는 날에 맞춰 깜짝 이벤트로 용돈을 드렸다. 남은 것은 함석희 집사님께 드릴 식사 대접. 계획대로 어느 주일 함석희 집사님 가정을 만나 저녁 식사로 섬겼다. GHSA라는 홈스쿨링 공동체를 통해 알게 된 가정인데 코로나로 인해 오랜만에 만난 것이다. 우리 모두는 믿음, 소망, 사랑이와 함께 풍성하고 행복한 식탁의 교제 시간을 가졌다.

이런 시간들을 가지면서 나는 많은 생각을 하게 됐다. 우선 아빠 엄마로서 노트북을 게임 용도로나 유튜브 시청용으로 절대 사용하지 않고 학습 도구로 사용할 줄 아는 자기 주도성을 갖춘 비니하니가 대견했다. 게다가 상금으로 동생에게 노트북을 선물하는 멋진 형제애, 생애 첫 해외여행의 기회가 날아간 것에 대한 아쉬움 없이 아낌없이 우승 상금을 나누며 받은 은혜를 은혜로 갚을 줄 아는 서번트 리더십이 귀하게 느껴졌다.

'나와 아내는 세상에서 가장 복 받은 부모구나.'

비니하니를 양육하며 이런 생각이 자주 든다. 도무지 감사하지 않을 도리가 없다.

〈400만 원을 나누다〉

작전명 '모드 전환'

4차 산업혁명 시대는 불확실성의 시대, 급변하는 시대라고 흔히들 말한다. 부모 세대에서 유망직종으로 여겨졌던 수많은 직업군이 사라지고, 직업 수명이 짧아져 평생 한 가지 직업만 갖고 살 수 없는 세상으로 변한다고 한다. 우리는 10년, 5년 주기로 계속 새로운 준비와 도전을 해야 하는 시대를 마주하고 있다.

불과 몇 개월 전까지만 해도 대한민국은 온라인 개학을 상상도 하지 않았다. 코로나로 인해 지금 아이들은 집에서 컴퓨터 앞에 앉아 수업을 듣는 신세계를 경험하고 있다. 코로나는 일종의 변수였다. 4차 산업혁명이 아니더라도 세상은 뜻밖의 변수로 인해 급변하기도 한다. 복잡다단한 현대 사회에서는 그 변수 또한 다양하다. 이런 시대에 자녀에게 무엇을 가르쳐야 할까? 부모 세대 역시 한 번도 경험하지 못한 시대이기에 구체적으로 어떻게 교육해야 할지 몰라 불안해하는 부모가 많다. 게다가 입시제도마저 자주 바뀌어 부모의 불안을 가중시킨다.

내가 내놓는 답은 간단하다. 모드 전환을 가르치면 된다. 우리가 살아가는 이 시대는 생활 모드의 전환, 시대 모드의 전환을 잘하는 아이가 미래 인재상이라 생각한다. 내 개인적인 추측이지만 머지않은 미래에 세상은 완전히 뒤바뀔 것이고, 기존의 교육방식에만 의존해 공부한 아이들은 반드시 모드 전환 부작용을 경험할 것이다.

작년 10월에 있었던 일이다. 개인적으로 친분이 있는 윤스키 대표(하이퍼포머 한국인 코치 2호)가 세종시에서 '백만장자의 메신저 습관' 특강을 준비했다. 강의도 듣고 응원도 할 겸 둘째 규한이와 일찍 세종시로 내려갔다. 강의장에서 가까운 지인의 집에서 윤스키 대표 가족과 만났다. 강의 시간까지는 2시간 여유가 있었다. 윤스키 대표는 잠시 대화를 나누다 강의를 준비하러 미리 이동했고, 전날 새벽까지 센터 특강을 준비했던 나는 차에서 잠시 눈을 붙였다. 그 사이 하니는 윤스키 대표의 7살 된 딸 시우와 놀아줬다. 강의 시간 30분 앞서 강의장 도착. 하니와 함께 강의장 의자 및 책상 세팅을 도왔다. 드디어 윤스키 형제 특유의 유쾌함으로 강의가 시작됐다. 1교시 강의가 끝난 후 옆자리에 앉아 있던 하니에게 물었다.
"규한아, 아빠가 편의점에서 간식 사줄까?"
"네!"
손을 꼭 잡고 편의점으로 가서 먹고 싶은 과자와 음료수를 사줬다. 돌아오는 길, 강의장이 아닌 주차장으로 이끌었다.
"규한아, 차에서 간식 천천히 먹고, 쉬고 싶으면 차에서 쉬어도 돼. 아빠가 차 키 두고 갈 테니까 안에서 차 문 잠그고 편하게 있어."

"네, 잘 먹겠습니다!"

강의장에 올라와 5분 정도 쉬자 2교시 강의가 시작됐다. 그런데 옆자리에 하니가 쓱 와서 앉는 것이 아닌가. 깜짝 놀라 속삭이듯 물었다.

"벌써 간식 다 먹었어?"

"네. 아빠 거 남겨두고 제 것은 다 먹었어요."

"천천히 먹고 쉬어도 되는데 왜 이렇게 빨리 올라왔어?"

"윤스키 삼촌 강의 듣고 싶어서요."

"정말? 삼촌 강의 어렵지 않아?"

"이해 안 되는 부분이 있긴 한데 재미있고 배울 게 많은 것 같아요."

이내 하니는 반짝이는 눈으로 강의에 집중하며 바인더에 메모하기도 했다. 그런 하니가 기특했다. 과자를 손에 쥘 때는 영락없는 어린아이인데, 3시간짜리 강의를 열심히 듣는 모습은 무척 어른스러웠다.

집으로 돌아오는 중에 차 안에서 하니가 질문했다.

"아빠, 궁금한 게 있는데요? 아까 삼촌 강의에서 경청과 에너지 관리를 말씀하셨는데, 그게 뭔지 잘 모르겠어요."

"아하! 세계적 하이퍼포머들은 에너지 관리를 정말 잘하는 사람들인데, 감정적 에너지 관리가 굉장히 중요하다는 거야. 우리가 감정적으로 에너지 낭비를 정말 많이 하는데, 관점의 전환이 감정적

에너지를 관리하는 핵심이라는 거지. 그중 유용한 도구가 바로 경청인데, 경청은 뭐냐, 멈춰서 들어주고, 두 번 이상 되뇌어주는 것. 그렇게 하면 수용력이 높아진다는 거지. 잘 이해가 안 되지?"

"네."

"자, 예를 들면 형이랑 너랑 사소한 거로 말다툼을 하잖아? 서로 자기 관점에서 내가 옳다고 주장할 때 결론이 안 나는 경우가 있는데, 대부분 조금 더 배운 형이 이기잖아. 그때 네 기분은 어떠니?"

"별로 안 좋아요."

"그래, 에너지는 엄청나게 쓰는데 맨날 지는 기분이 들고, 참 힘들지?"

"네."

"그럴 때 하이퍼포머들은 감정적 에너지 관리 차원에서 경청의 기술을 쓴다는 거지."

"어떻게요?"

"규한이가 이후에 형이랑 말다툼할 기회가 있을 때 이렇게 해보는 거야. 형이 뭐라고 막 주장할 때 너는 그냥 '아, 형이 그렇게 생각하는구나'라고 들어주고 되뇌어주면 돼. 그럼 형은 당황해서 네 말에 '그래. 그렇게 되는 거야'라고 말할 거야. 그럼 한 번 더 '아, 형이 그렇게 그렇게 생각한다는 거구나' 하면 상황 종료! 이러면 규한이가 감정적 에너지를 쓸데없이 낭비할까?"

"아니요."

"그래, 결국 경청의 기술을 통해 감정적 에너지를 잘 비축한 규한이 네가 진정한 위너! 승자가 되는 거지. 하이퍼포머들은 이런 에너지 관리를 평소에 정말 잘해서 삶 속에서 높은 성과를 내. 이제 이해되니?"

"네! 나중에 경청기술을 사용해서 제 소중한 에너지를 관리해야겠어요."

"오! 이걸 이해하고 적용하려 하다니 대단한데?"

다음날 저녁, 집에서 비니하니가 대화를 나누던 중 기대했던(?) 상황이 발생했다. 조용히 멀리서 지켜봤다. 역시나 비니가 압도적으로 논리정연하게 말하는데, 하니의 반응이 놀라웠다.

"형이 생각하는 게 그런 거란 말이지?"

"그래. 내가 말하는 게 바로 그거야."

"아! 형은 그렇게 생각하는구나. 알았어."

"응……."

평소 같았으면 목소리를 높여 자기주장을 해야 했던 동생이 경청모드로 작동되니 당황해하는 모습이 역력했다. 그리고 그 게임은 종료. 얼마의 시간이 흐른 뒤 나는 하니에게 다가가 어깨를 감쌌다.

"규한아, 혹시 아까 경청 모드 작동한 거니?"

"네!"

"어때?"

"신기하게 제 에너지가 하나도 안 빠져나갔어요. 그리고 기분도 하나도 안 나쁘고요."

"배운 것을 바로 삶에 적용하는 모습이 멋지네. 러시아에 '두 번 멈추면 기적이 일어난다'는 격언이 있어. 그렇게 용서하기를 결심하면 에너지가 방출되지 않고, 수용력이 높아진 멋진 너의 모습을 보게 될 거야. 최고야, 아들!"

대화 중에 윤스키 대표에게서 연락이 왔다. 윤스키 대표의 아내가 규한이에게 감탄을 금치 못했단다. 어제 강의 시작 전 규한이가 2시간 동안 일곱 살, 여섯 살 여동생들과 놀아주는데 아이들 눈높이에 맞춰 자상하게 놀아주는 모습에 감동했단다. 또한 강의장에서 3시간 동안 강의에 집중하는 모습을 보면서 이렇게 모드 전환이 잘되는 아이는 처음 봤다며 또 감동했단다. 부부는 어제 '모드 전환의 대가 규한이' 이야기를 한참 나누었다고 한다.

규한이는 애교만점에 과자 하나 주면 함박웃음 짓는 우리 집 막둥이이다. 하지만 나는 4차 산업혁명 시대가 어떤 형태로 다가오든 하니의 미래를 걱정하지 않는다. 물론 비니도 마찬가지다. '모드 전환'이 잘되는 유연한 자세를 길러준다면, 4차 산업혁명 시대라는 거대한 파도가 닥쳐와도, 어떤 변수가 갑자기 찾아와도 유연성을 무기로 아주 멋지게 서퍼(serfer)할 테니.

어릴 때부터 프로젝트

4차 산업혁명 시대의 특징은 예측 불가한 인간과 인공지능과의 관계처럼 주로 불확실성과 복잡성의 특징을 가지고 있다고 전문가들은 말한다. 반면 아이들의 성장에 따라 오히려 미래 사회의 이런 특징들이 기회가 될 수도 있다며 미래 인재의 핵심 역량을 4C로 정의한다. 4C는 비판적 사고능력(Critical thinking), 창의성(Creativity), 의사소통능력(Communication skill), 협업능력(Collaboration)이다. 이를 위해 세계는 발 빠르게 미래 인재를 양성하기 위한 프로젝트를 진행 중이다. 대표적으로 1997년에 경제협력개발기구(OECD)에서 주창한 '데세코(DeSeCo) 프로젝트'가 있다. 'DeSeCo'는 미래 사회에서 개인이 반드시 갖추어야 하는 3대 핵심 역량 범주를 가리키는 말로, 변화를 만드는 변혁적 역량을 강조한다. 변혁적 역량은 새로운 가치 창출하기, 긴장과 딜레마 조정하기, 책임감 갖기를 제시한다.

하지만 대한민국 교육 현장에서는 여전히 남들과 다른 의견은 존중받지 못하는 구조 아래 4C의 첫 번째인 비판적 사고가 장려되기보다는 억제되고 있는 것이 현실이다. 그러다 보니 자연스럽게 창의성, 의사소통능력, 협업능력 향상의 기회 부족으로 미래 인재상과는 동떨어진 인재가 만들어지고 있다. 이에 교육의 변화 필요성을 느낀 교육 현장에서는 학생들의 적극적 참여를 중요시하는 문제발견, 계획수립, 과제수행, 결과생성의 4단계로 진행되는 토론과 프로젝트 수업의 중요성이 매우 높아지고 있다. 그런데 이런 프로젝트 수업에만 의지하는 것이 아니라 아이가 어릴 때부터 모든 공부를 프로젝트화해서 프로젝트 역량을 키운다면 어떨까?

지난 2월 3일, 형의 정약용 인문학 콘서트 공개 발표회를 보며 동기부여 된 하니가 책을 읽다가 질문을 던졌다.

"아빠, 계백 장군이 전쟁에 출전하기 전에 왜 가족을 죽였을까요?"

"그러게? 왜 죽였을까? 그 당시 시대 배경이 어떠했는지, 국교 및 종교가 영향을 미친 건지, 아니면 계백 장군의 가정환경과 그의 아버지의 교육이 어떤 영향을 미친 건지 등등 하니가 궁금한 질문들 위주로 책을 보면서 오늘 하루 동안 마인드맵으로 정리해보면 어떨까?"

"네, 그렇게 알아볼게요."

"그래. 그리고 나중에 가족이 모인 자리에서 발표해봐. 아빠도 궁금하네."

"네!"

"비니야! 동생이 역사에 대해 궁금한 게 있다고 하니까 같이 토론하고 연구하면서 도와줘라."

"네!"

다음날, 비니하니가 갑자기 옷을 정장처럼 차려입고 거실에 나왔다.

"아빠, 역사 법정으로 콘셉트를 잡아봤어요. 저희가 계백 장군을 법정에 세워서 변호사, 검사 역할을 하기로 했어요. 아빠가 촬영해주시면 안 돼요?"

"오, 그래서 옷을 차려입었구나? 재미있겠다. 아빠가 촬영해줄게."

의자 4개로 법정을 세팅했다. 한쪽 의자에 계백 장군도 소환(?)하고, 비니는 검사로서 한쪽 의자에 '의자왕'을 증인으로 섭외(?)하는 능력까지 선보이면서 제법 법정의 분위기를 잘 연출해 냈다.

그렇게 20분 넘게 역사 법정이 진행되었다. 막둥이 하니는 계백 장군을 변호하는 변호사로, 비니는 날카로운 검사로 활약하는 모습이 흥미로웠다. 무엇보다 하니의 마인드맵을 보고 칭찬하지 않을 수 없었다. 생각했던 것보다 많은 것을 공부했는데, 마인드맵만 봐도 공부하는 과정이 얼마나 즐거웠을지 느낄 수 있었다. 또한 비니하니의 치열(?)했던 법정 싸움의 현장을 보면서 나도 몰랐던 역사를 배울 수 있었다. 촬영을 마칠 즈음, 비니하니가 판결을 내려달라고 갑자기 요청해서 생각지도 않았던 재판장 역할을 했다. 결과에 상관없이 자신의 위치에서 최선을 다해 변론한 비니하니가 스스로 화해의 악수를 하는 모습이 더 감동적이었다. 역사 법정 놀이를 다 마친 뒤

하니가 말했다.

"아빠, 확실히 형이 역사에 대해 많이 아니까 제가 좀 많이 밀렸어요. 그런데 다시 법정을 연다면 더 잘 준비해서 대응할 수 있을 것 같아요."

"그래? 그럼 제2차 역사 법정을 준비해봐. 아빠가 응원할게."

"네! 아빠, 근데 역사가 정말 재미있어요."

"그래? 멋진데? 이렇게 공부하면 정말 재미있을 수밖에 없겠어. 너희 형제의 아이디어 굿!"

또 그다음날, 비니하니는 은밀하고 위대하게 어떤 일을 꾸몄다. 바로 체인지 센터 아이들을 대상으로 한 역사 법정 프로젝트를 기획한 것이다. 비니가 밴드를 만들어서 아이들에게 역사 법정 주제와 대상, 역할, 시간 등을 공지했고, 놀랍게도 아이들 9명(초등학교 3학년부터 중학교 3학년까지)이 적극적으로 동참했다. 역사 법정의 주인공(피고)은 흥선대원군. 재판이 열리는 날은 2020년 2월 19일 오후 2시. 일주일이라는 시간 동안 판사 3, 검사 1, 변호사 1, 시민 참여단 3, 증인 1이 각자 역할에 맞춰 준비했다. 비니하니는 이 재판을 준비하기 위해 재판의 과정에 대해서도 나름대로 공부했다.

드디어 흥선대원군이 법정에 서는 날, 단단히 준비한 아이들은 40분이 넘도록 자유롭게 역사와 함께 놀았다. 마치 울타리 없는 푸른 들판에서 맘껏 뛰어노는 모습과 흡사했다. 흥선대원군을 법정에 세운 아이들의 입에서 생각보다 많은 내용이 나와 깜짝 놀랐다. 병

인양요, 신미양요, 강화도 외규장각, 의궤, 경복궁 재건 등 흥미진진한 역사가 펼쳐졌다. 특히 흥선대원군이 통상수교 거부정책(쇄국정책)을 하게 된 원인에 대한 비니 재판관의 견해는 이날의 하이라이트였다. 비니 재판관은 흥선대원군이 어릴 적 병아리를 키우면서 경험했던 일들이 가치관이자 세계관이 되어 그럴 수밖에 없었음을 흥선대원군의 어머니 관점에서 대변했다. 재판에 참석한 아이들은 재판관의 이 말에 모두 공감했다.

비니하니가 미리 준비한 재판 평가 양식지 위에 판사들과 시민 판정단원이 중간중간 기록하는 모습도 인상적이었다. 이 과정에 함께 참여했던 아이들 모두 역사를 통해 서로 소통하고, 공부에 대해 동기부여를 받을 수 있었다. 특히 검사와 변호사 역할을 했던 두 친구는 자신이 더 잘 준비하지 못한 것을 아쉬워하며 다음 법정에서는 제대로 다퉈보겠노라 다짐하기도 했다. 모두 놀라운 일이었다.

이후 비니는 '제2차 역사 법정 프로젝트'를 밴드에 선착순 마감으로 공지했다. 아이들 모두가 경쟁하듯 자신의 역할을 앞다투어 정하는 모습은 기특함을 넘어 신기하기까지 했다. 그 아이들 대부분은 역사 공부하는 것을 너무너무 싫어했던 아이들이었기에 더욱 그러했다.

아이들을 보며 나는 다시금 확신할 수 있었다. 아이들에게 어떤 환경을 제공해야 하는지, 어떻게 동기부여 해야 하는지!

〈계백 장군 역사 법정〉

우리 동네 예절 대장

"아니, 이건 무슨 돈이야?"

부엌 식탁 위에 오천 원짜리 두 장이 곱게 놓여 있는 것을 보고 물었다. 아내가 대답할 줄 알았는데 비니가 대답했다.

"자주 보는 할머니께서 인사 잘해서 예쁘다면서 용돈 주셨어요."

그로부터 한 달 뒤, 이번에는 더 큰 액수인 만 원짜리 두 장이 놓여 있었다. 이번에도 그때 그 할머니께서 용돈을 주신 것이다.

"아니, 너희들 어떻게 했길래 할머니께서 이렇게 자주 용돈을 주시니?"

"할머니 뵈면 늘 인사드리는데, 그때마다 인사 잘한다고 칭찬해 주세요. 오늘은 집 앞 인도 끝에서 할머니께서 짐 들고 오시는 거 보고 아파트 입구 문 열고 붙잡고 있었어요. 할머니 손에 짐이 있어 번호 누르기 힘드실 것 같아서. 그랬더니 고맙다며 짐 내려놓고 용돈 주셨어요."

"오, 그랬구나! 할머니께서 감동하셨겠다. 요즘 아이들 인사는커녕 자기 갈 길 바쁜데, 너희들이 할머니 마음을 역지사지했구나. 멋지다, 아들들!"

위 일화는 비니하니가 여덟 살, 여섯 살 때 일어난 일이다. 부모를 공경하고 어른을 공경하는 것의 중요성을 성경 말씀과 QT를 통해서 어릴 때부터 교육했다. 공경하는 마음은 언어와 행동에서 일치될 때에만 제대로 전달될 수 있다고 가르쳤다. 우리 부부는 아이들이 뒤에서 늘 보고 있다 생각하고 몸으로 삶으로 가르치려 노력했다. 그 열매가 맺기 시작했던 것이다. 그 뒤로도 비니하니는 자주 용돈을 받아왔다.

외식을 자주 하지 않지만, 가끔 동네 식당에 가면 늘 듣는 말이 있다.

"아, 이 아이들 아버님이시구나. 아이들이 요즘 아이들과 다르게 예절이 바르고 인사도 너무 잘해서 부모님이 궁금했어요."

그 말 뒤에는 좀 더 푸짐한 음식을 받는다. 비니하니 덕분이다. 비니하니는 식당에서 음식을 먹으면 항상 뒷정리를 깔끔하게 하고, 사장님과 주방에서 일하시는 분께 "잘 먹었습니다" 하고 인사드린다. 집에서 하는 식사예절을 그대로 바깥에서도 실천하는 것이다. 그런 비니하니를 식당에서 나올 때마다 어깨를 토닥이며 잘했다 칭찬해줬다.

용인 동백에 산 지 8년째이다 보니 이제 꽤 많은 식당에서 비니하니 이름을 부르며 반겨준다. 딸을 둔 어떤 사장님은 사위 삼고 싶단다. 그러다 보니 약간의 부작용이 생겼다. 비니하니와 함께 다니면 동네에 알아보는 사람들이 많아져서 우리 부부가 행동에 더 신경을 쓰게 됐다. 이런 부작용이라면 얼마든지 환영이다. 그렇게 함으로써 비니하니에게 더 멋진 본보기가 될 것이기 때문이다.

얼마 전 춘천으로 가족 자전거 여행을 다녀왔다. 3시간이 넘는 시간 동안 의암호 자전거길 코스를 완주하고, 춘천에 사는 지인 가족과 2시간이 넘도록 축구, 족구를 하며 뛰어노느라 체력을 다 소진했다. 늦은 오후 집 돌아오는 길 식당에 들렀다. 우리 부부가 먼저 식당에 들어섰고, 피로감에 차에서 잠들었던 비니하니는 비몽사몽 몇 걸음 뒤늦게 들어와 자리에 합류했다. 서빙하는 아주머니께서 자리에 오시자마자 큰소리로 말씀하셨다.

"어머, 어쩜 아이들이 인사를 이렇게 예쁘게 잘한대요? 이렇게 인사 잘하는 아이들은 처음이네."

"아, 감사합니다."

"나는 인사 잘하는 아이들이 세상에서 제일 예쁘더라. 내가 줄 건 없고, 특별히 맛있는 떡 선물로 줄게. 이 떡 오늘 뽑은 메밀떡이라 정말 맛있어."

아주머니의 큰 목소리 덕분에 음식을 먹던 주변 사람들이 우리를 쳐다봤다. 이윽고 식탁 위에 먹음직스러운 떡 한 접시가 놓였다. 나는 비니하니에게 속삭였다.

"너희들 어떻게 인사했길래 아주머니께서 저렇게까지 칭찬하시냐? 조금 전까지 비몽사몽이더니 모드 전환 진짜 잘하네? 짱인데!"

아내가 이어서 말했다.

"인사만 잘해도 자다가 떡이 생긴다는데, 정말 떡이 생겼네. 고마워 아들들. 덕분에 맛난 떡 맛보네."

옛날에는 인사만 잘해도 떡을 얻어먹었고, 미래 사회는 초연결 시대이다. 따라서 인사만 잘해도 세계 최고가 될 수 있다며 우리는 대화의 꽃을 피웠다.

오늘도 우리 동네 예절 대장 비니하니는 두 손을 배꼽 위에 자동으로 올리며 인사하기에 바쁘다.

황금 인맥을 뜨는 숟가락

"사회성은 어떻게 해요?"

처음 마주한 사람들에게 자녀를 홈스쿨링 하고 있다고 하면 공통으로 나오는 질문이다. 그들은 대체로 홈스쿨링을 하면 사회성이 떨어진다고 생각하는 경향이 있는 듯하다. 다시 말하면 사회성은 학교라는 거대한 집단에 들어가야만 갖출 수 있는 것이라 생각하는 것이다. 그들에게 몇 가지 질문을 던져보면 실제로 그렇게 생각하고 있다. 그에 대해 해줄 말 많지만, 말 백 마디보다 삶의 증거가 훨씬 강력하기에 사례로 대신하고자 한다.

"비니하니는 다이아몬드 수저네요."

우리 집 형편과 비니하니를 잘 아는 분들이 공통으로 인정하며하는 말이다. 나는 수저론을 좋아하지 않는다. '수저론'의 유래는 영국이다. 중산층 혹은 그 이하 서민들이 자칫 노예로 오해받을까봐여권처럼 들고 다녔던 은수저. 실제로 서양에서 부모로부터 부를 물려받은 자식을 표현할 때 쓰기도 한다. 우리나라에서는 온라인상에서 빈곤층 혹은 저소득층 자녀를 일컫는 '흙수저'라는 신조어로 가볍게 다루다가 이제는 언론이 적극적으로 나서서 사회현상을 분석, 수저론과 연결한다.

그러다 보니 청년뿐 아니라 초등학생조차도 일종의 사회 계급론, 운명론을 받아들이게 만들어 일찍부터 자신의 부모나 가정환경에 대해 불만과 원망, 남 탓만 하는 인생을 살도록 유도한다. 감사할 줄 모르는 아이로 만드는 심각성을 알기에 반갑지 않은 표현이다.

실제로 아이들에게 물어보면 수저론이 별 의미가 없을 정도로 일관된 답을 한다. 모두가 흙수저란다. 어떤 아이는 똥수저라고도 표현한다. 그리고 이내 원망 어린 표정을 짓는다. 조금 전까진 별생각이 없었는데 말이다. 더 놀라운 것은 그들의 부모 역시 이런 표현을 거리낌 없이 사용하며 운명론 속으로 빠져든다는 사실이다.

수저론을 운운하면 전 세계 어떤 나라도 해당하지 않는 곳이 없다. 어디에서나 부와 가난의 대물림은 있기 마련이고, 지적, 외모적으로도 그에 합당한 가치를 물려받기 때문에 모두가 빈부격차 속에서 살 수밖에 없는 것이 현실이다.

굳이 따진다면, 비니하니는 흙수저가 맞다. 우리 부부는 비니하니에게 물려줄 마땅한 재산이 없다. 그리고 월수입도 넉넉지 못하다. 그런데 비니하니를 아는 주변 사람들이 오히려 '금수저'를 뛰어넘는 '다이아몬드 수저'라고 말하는 이유가 뭘까? 그들의 가치 평가 기준은 우리 집 재산 정도가 아니라 가족 간의 소통과 유대감에 있었다. 거기에 나는 이렇게 말을 더한다.

"저희는 비니하니에게 물려줄 유산은 없습니다. 하지만 전 세계적으로 폭넓게 네트워크를 형성할 수 있는 인맥을 유산으로 물려주고 싶어요."

우리 부부의 최고 유산은 영성, 인성을 바탕으로 한 인간관계 능력이다. 실제로 세계 최고 인재들이 모이는 골드만삭스, 맥킨지, 하버드 비즈니스 스쿨에서는 사람과의 관계를 가장 중요하게 생각한다. 그들은 이해관계를 초월한 진정한 인간관계를 맺기 위해 어마어마한 투자를 지금도 하고 있다.

사람은 절대 혼자 완벽하게 살 수 없다. 내로라하는 세계적 기업들도 그 CEO 한 사람의 재력이나 능력에서 비롯된 것이 아니라 주변 사람들의 지지와 도움이 있었기에 가능했던 것처럼 사람에게 가장 필요한 것은 얼마나 많은 사람과 진정한 인간관계를 맺고 있느냐일 것이다. 그래서 세계 최고의 인재들은 '관계'를 가장 중요하게 생각하고 있는지도 모르겠다.

어느 날, 비니하니에게 물어봤다.

"너희들은 인맥이 어느 정도 된다고 생각하니?"

"음……. 아빠 엄마 도움 덕분에 전국에 1,000명 정도 되는 것 같아요."

"그럼 그분들 중 너희가 어려움에 처했을 때 기꺼이 밥 한 끼 먹여주고 하룻밤 재워줄 수 있는 분들은 몇 명 정도라고 생각해?"

"한 200명 정도 될 것 같아요."

"그래서 너희들이 진정한 다이아몬드 수저라고 하는 거야. 너희를 기뻐함으로 품어줄 수 있는 분들이 1,000명 된다면 너희는 뭘 해도 성공할 수 있어. 그 황금 인맥을 소중히 여기고 감사하자. 그리고 온유와 겸손함으로 더 많은 사람을 섬기는 인성을 갖추는 비니하니가 되자."

이게 비니하니의 '사회성'이라고 생각한다. 비니하니는 전국에 또래 친구들뿐만 아니라 자신보다 어린 예닐곱 살 아이들부터 예순이 넘은 어르신까지 두루두루 좋은 인간관계를 맺고 있다. 그들과 더불어 역사를 만들어가고 있다. 홈스쿨링을 하지 않았더라면 누리지 못했을 것이다.

오래전 비니하니와 나눴던 대화가 생각난다.

"아빠가 여행 중에 요거트를 먹는데 숟가락이 없는 거야. 그래서 급하게 숙소에 있는 커다란 숟가락으로 떠먹는데 얼마나 불편하던지. 결국, 깔끔하게 먹지도 못하고 버렸는데 찝찝하더라. 그 뒤로는 요거트를 먹을 때 작고 유연한 플라스틱 숟가락이 얼마나 감사한지 몰라요. 요즘 금수저, 흙수저 운운하는데 그런 상황에서 오히려 크고 딱딱한 금수저는 불편하고 쓸모가 없을 거야. 너희들 인생에서 중요한 것은 손에 쥔 수저가 금이냐 은이냐가 아니라, 그 수저로 무엇을 어떻게 얼마나 떠먹을 수 있느냐, 누구를 떠먹여 줄 수 있느냐를 생각하는 게 더 중요해. 아빠 엄마가 인성을 중요하게 여기고 인간관계 능력을 키워주는 이유는 작은 플라스틱 숟가락을 다이아몬드 숟가락처럼 사용할 수 있게 하기 위함이란 걸 잊지 말아라."

부산을 여행하며 얻은 것

부모로서 이런 생각을 해본다.

'어릴 때부터 자신이 좋아하는 것을 찾아 즐길 수 있는 업으로 삼았으면 좋겠다.'

하지만 어떤 일을 좋아해서 직업으로 선택해도 오래 버티지 못하게 될 것이라는 사실도 알고 있다. 반평생 인생을 살면서 경험하고 체험하며 조심스럽게 결론내린 것은 좋아하는 일을 하는 것과 일에 대한 사랑도 중요하지만, 그 일이 주는 가치가 더 중요하다는 사실이다. 어떤 대상을 좋아하고 사랑하는 마음은 몰입과 집중력을 발휘하도록 도와준다. 하지만 좋아하는 마음과 그 대상은 쉽게 변한다. 반면에 의미와 가치는 그렇지 않다. 게다가 그 일이 자신에게 중요하다고 생각하고 의미와 가치를 두게 되면 자신의 정체성과 삶의 일부가 되기 때문에 '나'와 분리할 수 없게 된다. 그러므로 큰 어려움을 만나도 쉽게 포기하지 않고 극복할 수 있다. 나도 15년이 넘는 새벽예배 차량 운행 사역을 그렇게 오랜 시간 동안 버텼다.

그러면 어떻게 해야 자신이 좋아하는 일을 찾을 수 있을까? 많이 경험하고 체험하면 된다. 그 일의 가치는 어떻게 찾을 것인가? 역시 많이 경험하고 체험하면 된다. 그 속에서 'Who am I'에 대한 진정한 답을 찾을 수 있고, 어떻게 살아갈 것인가에 대한 답을 찾을 수 있다.

2년 전 경진건 대표님과 홍콩 비즈니스 트립을 다녀왔다. 언어도 잘 통하지 않는 낯선 타지에서 4박 5일 동안 혼자 돌아다니는 것이 이 여행의 콘셉트였다. 그런 환경 속에 놓일 때 비로소 자기 자신도 몰랐던 반응점과 열정점을 찾을 수 있다는 게 경진건 대표님의 말씀이었다. 실제로 그 여행을 통해 내 반응점과 열정점을 재확인할 수 있었다. 한국에 돌아와 가족과 대화했다. 비니하니에게 이런 여행을 통해 자신의 반응점, 열정점을 찾게 하고 삶의 가치와 연결할 수 있도록 해주고 싶다고 말했다. 그랬더니 1년 뒤 여름, 비니하니가 대뜸 도전 의사를 비쳤다.

"아빠 엄마, 저희 둘이 부산 여행 다녀와도 될까요?"

"너희 둘이? 부산에 5월에 가족여행으로 부산을 다녀왔잖아. 다시 가고 싶은 이유가 뭔데?"

"지난번에는 어른들이 계셔서 우리가 체험하고 싶은 곳에 못 갔잖아요. 꼭 가보고 싶었던 '할머니 떡볶이집'도 있고요. 부모님 동행 없이 낯선 곳에 가서 반응점, 열정점도 찾아보고 싶어요."

흔쾌히 허락했다. 그리고 한마디 던졌다.

"부산에 가면 너희들 좋아하는 의령우체국장이신 정인구, 강지

원 선배님 계시니까 안부 연락 미리 드리고, 만날 수 있으면 만나봐라. 맛난 밥 사달라고 애교도 부려보고."

이후 비니하니는 서로 의논하며 SRT 왕복 티켓 예약부터 숙소 예약, 여행 코스까지 일사천리로 준비했다. 생애 첫 형제 여행이라는 과업 앞에 흥분을 감추지 못하는 비니하니에게 여행 전날 저녁 일기예보를 통해 비보가 날아왔다. 이틀 뒤 부산에 폭우가 쏟아진다는 것이다. 곧바로 가족회의가 열렸다.

"너희 여행 둘째 날 부산에 폭우가 쏟아진대. 어렵게 가는 여행인데, 비 때문에 꼼짝 못 하면 아쉽지 않겠어? 여행 취소하고 다음 기회에 가도 돼."

"부산에서 폭우를 맞이하는 것 또한 여행에서 체험할 특별한 기회라고 생각해요. 조심해서 잘 다녀올게요."

비니하니의 말에 설득당했다. 맞는 말이었다. 우리 부부는 아이들이 스스로 목표를 성취하고 가치를 찾도록 기다려주는 역할만 했다. 다음날, 비니하니는 자신들이 직접 예약한 SRT를 타고 부산으로 떠났다. 중간중간 계획한 곳에서 인증사진을 보내왔다. 그런데 늦은 저녁 정인구 선배님께 여러 장의 사진과 문자가 왔다.

"아이들이 제 생일을 어찌 알고 이런 서프라이즈를 해주네요. 감동입니다."

사진 속에는 해운대 모래사장에 크게 '정인구 선배님! 생신 축하드려요!'라는 문구가 쓰여 있었다. 그 문구 가운데 블루베리 케이크와 커피가 앙증맞게 놓여 있었다. 비니하니는 오후 5시부터 함께하며 맛난 저녁을 사주신 선배님께 감사한 마음을 표현하고 싶었는데, 마침 그날이 생일인 것을 SNS를 통해 알고, 선배님 몰래 이벤트를 준비한 것이었다. 그 사진을 받은 우리 부부도 깜짝 놀랐다. 이후 자정이 넘도록 폭죽놀이, 야식 치킨 타임 등 추억으로 남을 사진들이 계속 톡 방에 올라왔다. 그 사진을 보며 아내에게 말했다.

"참, 복 받은 아이들이야. 대한민국 어떤 아이들이 지금 이 시각에 감히 의령우체국장님과 친구처럼 밤새 폭죽놀이하며, 치킨 뜯으며 추억을 쌓을 수 있겠어."

다음날, 예상대로 부산에는 폭우가 쏟아졌다. 아이들은 둘째 날은 실내 위주로 계획을 짰고, 그날 오후는 정인구 선배님 부부가 아이들과 함께해주셨다. 귀가하는 SRT에 탑승하기까지 함께해주시며 아이들 손에 부산어묵 1세트씩을 들려주셨다.

집에 무사히 귀가한 아이들은 곧장 이야기보따리를 풀었다. 작은 여행 프로젝트였지만 나름의 성취감과 낯선 곳에서의 반응점, 열정점을 찾을 수 있었던 여행, 인생 대선배님과 함께함으로써 섬김 받는 기쁨과 섬기는 기쁨을 동시에 느꼈던 여행, 부모 세대와 형제간의 소통과 유대감의 중요성과 가치를 느꼈던 여행이었다고 했다.

존 고든의 책 《에너지 버스》에 보면 반응점과 열정점, 그리고 삶의 가치의 중요성을 보여주는 일화가 있다.

미국 대통령 린든 존슨이 미 항공우주국(NASA)을 방문했을 때의 일이다. 대통령이 로비를 지나다가 지저분한 바닥을 닦고 있는 청소부와 마주쳤다. 청소부는 인생에서 가장 즐거운 일인 양 콧노래를 흥얼거리며 바닥을 열심히 닦고 있었다. 그 모습에 감동한 대통령은 청소부에게 다가가 말했다.

"내가 본 청소부 중 가장 훌륭한 분이십니다. 어떻게 그렇게 즐겁게 일할 수가 있죠?"

그러자 청소부가 대통령에게 답했다.

"각하, 저는 일개 청소부가 아닙니다. 저는 인간을 달에 보내는 일을 돕고 있어요."

그 청소부처럼, 자신이 하는 일에 가치와 의미를 두면서 일할 수만 있다면 누구보다 행복하고 가치 있는 인생을 살아갈 수 있을 것이다. 자녀가 그런 삶을 살기 위해서는 가르치기만 하는 부모가 아니라 아이들의 이야기에 귀 기울여 들어주는 부모가 되어야 한다. 부디 자녀 스스로 인생 목표를 찾도록 돕는 부모가 되기를 소망한다.

웃음 부자 비니하니,
2020년에도 웃는다

"까르르 까꺄."

어릴 적 비니하니의 웃음소리가 아직도 귀에 생생하다. 앞에서 '까꿍'만 해도 '까르르' 하던 아기 때 모습. 한 번 웃음보가 터지면 멈출 줄 모르던 비니하니의 웃음은 1시간 가까이 지속한 적도 있었다. 그 모습은 마치 하늘에서 내려온 천사 같았다. 세상 모든 근심 사라지게 만드는 미소와 웃음소리를 들으며 나는 다짐했다.

'웃음은 암도 고친다는데, 이렇게 밝고 행복한 웃음이 어른이 돼서도 끊이지 않는 비니하니가 되도록 키워야겠다.'

비니하니가 어릴 적에는 단순한 접근이었다. 그냥 웃는 모습이 좋고, 웃음이 많으면 행복감을 느낄 수 있다고 생각해서 웃음 선물을 많이 주고 싶었다. 그런데 자녀 교육에 관심을 가지면서부터 웃음의 중요성을 여러 방면에서 인지하게 되었다. 《탈무드》에 모든 생물 중 인간만이 웃을 수 있고, 현명한 사람일수록 잘 웃는다는 말도 있듯이 웃음은 지혜와 연관이 있음을 알게 되었다.

비니하니가 성장할수록 유머로 끊임없이 웃음을 유발하려고 노력했다. 가족 모두가 한바탕 웃으면 심적으로 부유한 느낌이 들어 좋았다. 순간 근심 걱정이 사라졌다. 따뜻한 느낌이 들면서 그 순간 모두가 사랑스럽게 느껴졌다. 내가 웃음을 중요하게 생각하는 이유는 자녀 앞에서 경직된 권위주의는 깨고 바람직한 권위를 세우기 위해서이기도 하다. 그래서일까. 중2, 초 6인 비니하니는 하루 중 웃는 시간이 매우 많다. 요즘은 코로나 19로 둘이 거의 집에 붙어 있기 때문에 웃는 시간이 더 많아졌다. 한 달 전에는 식사하는 자리에 앉아서도 계속 웃고 있길래 즉석 미션을 제안했다.

"안 되겠다. 너희들 웃음이 정말 많아. 지금부터 미션 들어간다. 이후로 웃는 사람은 무조건 설거지하기. 오케이?"

"네. 좋아요."

"시작!"

"……풋!"

2초도 안 돼서 막둥이 하니가 간발의 차이로 형보다 먼저 웃음보를 터뜨렸다. 그 덕분에 가족 모두가 또 한바탕 웃었다.

비니하니는 진지할 땐 진지하지만 항상 그들의 뇌는 재미있는 것을 찾아 활발하게 움직이는 듯 보인다. 감사하게도 아침에 출근할 때나 퇴근할 때 인사 나오는 비니하니의 얼굴에는 항상 미소 가득하다. 평상시 비니하니 얼굴을 유심히 보더라도 무표정이거나 인상 쓰는 얼굴을 거의 본 적이 없다.

인공지능 시대에는 IQ가 아닌 EQ가 그 아이의 성공을 좌우한다고 말한다. EQ는 흔히 감성 지능(Emotional Quotient)이라고도 하는데, 쉽게 말하면 자신의 감정을 메타인지하고 다른 사람의 감정을 읽어 그 감정에 맞춰 대화하고 타협하는 인간관계 능력이라고 할 수 있다. 전성수 교수는 저서《복수 당하는 부모》에서 EQ는 개인의 정서적 안정감과 잠재적 자신감, 미래에 대한 신념을 통해 올바른 삶의 목표를 설정하고, 사물과 시대의 상황을 능동적이고 낙천적으로 교감하는 능력이라 말한다. 또한 사람들에게 동기부여를 해주고, 절망적 상황에서 의욕을 잃지 않게 하고 사고력을 지키며 희망을 키워주는 능력이라고 말한다. 이쯤 되면 불확실성의 시대가 주는 리스크들을 스펀지처럼 흡수할 수 있는 유연성이 바로 EQ로부터 발휘된다고 해도 과언이 아닐 것이다.

그렇다면 이렇게 중요한 EQ는 어떻게 계발할 수 있을 것인가? 다양한 접근 방법이 있겠지만 가장 쉽고 강력한 것은 아이들을 많이 웃게 만드는 것이라고 생각한다. 실제로 웃음과 뇌 과학을 연결한 결과를 보면 웃음은 뇌 활동과 관계가 있다. 우리 뇌에는 웃을 수 있는 회로가 갖춰져 있는데, 그게 흔히 말하는 웃음보이다. 박장대소하는 웃음은 15개의 안면 근육을 동시에 수축시키고, 몸속에 있는 650개의 근육 가운데 302개를 움직이는 최고의 뇌 운동이라고 한다.

이 외에도 웃음이 주는 효과에 대한 과학적 증명자료는 많다. 이쯤 되면 두뇌계발, 정신 건강뿐 아니라 신체 건강을 위해서도 웃음은 자녀에게 물려줄 최고의 유산 중 하나라 생각되지 않는가. 그런데 안타깝게도 많은 부모가 자녀의 성공을 위한다며 웃음에 신경을 끄고 공부만 시키려고 한다. 주변에 입시 줄타기를 하는 중고등학생들을 보면 대부분 얼굴이 어둡고 입꼬리가 처져 있음을 볼 수 있다. 잘 웃지 않는다는 사실을 얼굴 근육이 증명하는 셈이다. 실제로 웃음을 연구한 학자들에 따르면 인간은 평생 50만 번 이상 웃는데, 성인은 하루 평균 8번 웃고, 어린이는 평균 400번쯤 웃는다고 한다. 가정마다 그 좋은 웃음을 포기하지 않기를 소망한다. 아이에게 매일 박장대소를 선물해 주는 부모가 되기를 소망한다.

지금 이 글을 쓰고 있는 순간, 비니하니가 웃음 부자가 되어 창의적 인재, 건강한 인재로 성장하고 있음에 감사하다. 그리고 2020년 비니하니에게 또 웃을 일이 생겼다. 물론 가족 모두가 웃을 일이다. '꿈의 학교'가 우리 모두에게 웃음을 주었다.

어느 날, 나는 비니하니를 불러 모으고 물었다.

"얘들아, 너희들이 학교 하나 세울래?"

"저희가 학교를 세운다고요?"

"그래, 작년에 김경우 삼촌이 운영하는 '꿈의 학교 아트 스토리박스'에 참여했잖아. 그런 학교를 너희가 만들어보라는 거지."

"와! 재미있겠는데요?"

비니하니에게 대뜸 학교를 세워보라고 제안했다. 사실 홈스쿨링을 하는 비니하니에 대해 주변에서 걱정하는 부분이 사회성이다. 많은 부모들이 자녀의 사회성을 위해 학교에서 하는 모둠 활동에 신경 쓰고 있다. 물론 안 하는 것보다는 나을 것이다. 하지만 아무리 좋은 모둠이라도 수동적으로 참여한다면 별 효과가 없다. 작은 모둠이라도 자신이 기획해서 주도하게 한다면 그 아이의 PQ(Project Quotient) 능력뿐 아니라 사회성, 인간관계 능력이 더 탁월해질 것이다.

꿈의 학교란 2015년부터 경기도 교육청에서 추진하고 있는 사업으로, 경기도 내 학교 안팎의 학생들이 배움의 주체로서 자유로운 상상력을 바탕으로 무한히 꿈꾸고, 질문하고, 스스로 기획·도전하면서 삶의 역량을 기르고 꿈을 실현해 나가도록 하는 학생 참여형 프로그램이다.

"만약 너희들이 용인 지역 아이들을 위해 섬김과 나눔의 기회가 주어진다면 어떤 것을 나눌 수 있을까? 그게 꿈의 학교의 콘셉트이자 콘텐츠가 될 수 있을 거야."

"요즘 친구들은 아빠가 자주 말씀하시는 미래 사회에 대한 정보나 4차 산업혁명 시대에 더욱 주목받을 서번트 리더십에 대해 잘 모르고 있는 것 같아요. 우리나라 조선 시대 위인들과 서번트 리더십을 연결해서 역사탐방이라는 콘셉트를 잡고 프로그램을 진행한다면, 친구들에게 좋은 성품 훈련의 기회를 줄 수 있을 것 같아요."

"와! 아주 좋은 콘셉트인데? 10가지 서번트 리더십 덕목에 맞는 위인들은 정했니?"

"몇 명 생각나는 사람은 있는데, 조금 더 공부해야 해요. 저희가 연구해 볼게요."

비니는 열흘 동안 구슬땀을 흘리며 준비했다. 바인더에 기록한 1

월 21일, 서류지원 마감일 하루 전에 모든 서류를 준비해서 제출했다. 9일 뒤 1차 서류심사 합격 통보를 받고 2차 면접을 준비했다. 비니는 면접 시 예상되는 질문(왜 꿈의 학교를 하고 싶은지, 왜 하필 이런 학교를 만들고 싶은지, 학생 모집은 어떻게 할 것인지)을 마인드맵으로 정리하며 준비했다.

드디어 면접을 차분히 치르고 온 비니는 웃으며 말했다.

"예상했던 질문은 거의 없었네요. 제가 홈스쿨링 하는 것에 관심을 두고 홈스쿨링에 관한 질문을 많이 하셨어요."

"당황하지 않았니?"

"아니요, 모두 저에게 관심을 두는 것 같아 재미있는 시간이었어요."

꿈의 학교 최종 합격 발표는 공교롭게도 비니가 출전하는 '제1회 정약용 인문학 콘서트 본선 공개 발표회'가 있는 2월 3일 오후 6시로 예정되어 있었다. 그날 아침부터 분주하게 가족이 함께 남양주 경기시청자미디어센터에 다녀온 뒤 집 근처 식당에 들렀다. 발표회를 치르면서 생긴 피로를 해소하기 위해 첫 숟가락을 입에 넣으려는 찰나 꿈의 학교에 도전할 것을 권면했던 3P 김경우 코치에게서 문자 한 통이 왔다.

합격을 축하드려요

나는 마주 앉은 가족 모두에게 큰 소리로 말했다.

"와우! 감사한 소식이다. 꿈의 학교 최종 합격했어!"

집에 돌아오면서 비니와 대화를 나눴다.

"이번에 꿈의 학교에 최종 합격할 수 있었던 것은 김경우 선배님, 현상진 선생님, 박병기 교수님, 아빠, 엄마, 규한이 그리고 너를 위해 기도해주신 많은 분의 서번트 리더십이 있었기 때문임을 잊지 말고 그분들께 감사하거라."

"네, 알겠습니다!"

"이제 꿈의 학교를 통해 함께할 10명의 친구에게 서번트 리더십을 제대로 나눠주는 시간으로 잘 준비하자!"

"네!"

2020년은 비니하니에게 평생 잊지 못할 한 해가 될 것이다. 생애 처음으로 꿈의 학교를 세운 해이기에…….

CHAPTER

3

미래 인재로
키우는 진짜
자기주도
교육의 비밀

화이트보드의 힘

3년 전, 3P자기경영연구소를 처음 알게 됐다. 독서법과 바인더를 활용한 자기경영에 관련된 모든 강의를 수강했다. 모든 것이 신세계 였지만 그중 가장 충격적인 신세계는 한쪽 벽면을 가득 채운 화이트 보드 앞에서 8시간 내내 원고도 없이 열정적으로 강의하는 강사의 모습이었다.

바로 3P자기경영 연구소 강규형 대표님과 이재덕 강사였다. 15 년 넘게 많은 회중 앞에서 설교와 찬양 인도를 했기에 앞에서 말하 는 것이 그다지 어렵지는 않았지만, 긴 시간 강의를 주도적으로 이 끌어간다는 것은 부러운 능력이었다. 내가 그러했듯 환경이 그들을 그렇게 만들었다고 생각했지만, 그들을 더욱 특별하게 만든 뭔가가 있을 거란 생각이 떠나지 않았다. 그러던 중 3P 코치 과정과 독서리 더 과정을 받을 때 놀라운 비밀을 알게 되었다. 바로 호문쿨루스와 학습 피라미드 개념이었다.

호문쿨루스는 인간 모양을 한 미니어처 같은 모습인데 신체 각 부위가 불균형적이어서 상당히 우스꽝스러웠다. 이것은 사람의 신체 부위 중 뇌와 연결된 자극의 크기를 나타낸 것이다. 뇌와 가장 밀접한 연관성을 가지고 있는 것은 다름 아닌 '손'이었다. 두 번째는 '입', 그다음은 '발'이었다. 그 비중은 각각 '30%', '18%', '12%'인데, 이 세 부위를 자극하면 뇌의 50%가 활발히 움직인다고 한다.

다음은 학습 단계에 따른 효율성 학습 피라미드. 대충 알고 있는 내용이었지만 호문쿨루스와 연결해서 보니 더욱 중요해 보였다. 인간이 학습할 때 단순히 읽고 듣고 눈으로 보는 것은 수동적 학습 단계로, 30% 미만으로 기억에 남지만 남들과 토론하고 체험하고 직접 남을 가르치는 참여적 학습 단계에서는 90% 가까이 기억에 남는다고 한다.

나는 유레카를 외쳤다. 왜 강규형 대표님과 이재덕 강사가 탁월하게 강의를 잘하는지, 소위 일타강사들이 어떻게 그 자리까지 오게 됐는지 비밀이 풀리는 듯했다. 물론 그들만의 보이지 않는 다른 노력도 분명 있겠지만, 그들의 공통점은 손, 입, 발을 움직여 남에게 가르치는 것이었다. 그리고 그들 옆에는 늘 화이트보드가 존재했다. 화이트보드는 뇌의 50%를 움직이는 손, 입, 발을 활용할 수 있는 가장 탁월한 시스템이었다.

도스카 다카마사가 쓴 《세계 최고의 인재들은 왜 기본에 집중할까》라는 책을 읽었다. 이 책은 '골드만삭스', '맥킨지', '하버드 비즈니스 스쿨'에 있는, 평생 성장을 멈추지 않는 세계 최고의 인재들의 48가지 공통점을 기록한 책이다. 그들만의 성공 원칙은 특별하고 엄청

난 것이 아닌 바로 '기본에 집중하는 것'이었다. 그중 내 눈에 띈 것은 '화이트보드를 활용하라'였다.

맥킨지의 컨설턴트는 '누구나' 능숙하게 화이트보드를 다루면서 회의를 진행한다고 한다. 이 화이트보드를 다루는 기술에는 보이지 않는 기술이 필요한데, 그것은 바로 참가자들의 의견을 논리적으로 정리하는 일이다. 그 일을 위해서는 논의의 본질을 빠르게 파악하는 능력과 시각적으로 표현하는 능력이 나란히 필요하다고 한다.

이를 간단하게 정리해봤다. 본질 파악, 의견 수렴, 논리적 정리. 이것은 미래 인재의 핵심 역량인 4C, 즉 비판적 사고능력(Critical thinking), 창의성(Creativity), 의사소통 능력(Communication skill), 협업 능력(Collaboration)과 상당히 밀접한 연관성이 있다고 생각했다. 그리고 이런 능력은 인성이 바탕이 되어야만 가능한 것이라 확신했다. 결국 내가 내린 결론은, 인성을 키우는 데 화이트보드 사용은 큰 도움이 될 수 있다는 것이었다. 게다가 뇌를 50% 이상 활용하고 90% 이상 기억에 남길 수 있는 참여적 학습 단계로 이끄는 것이 바로 화이트보드라고 하니, 비니하니에게 선물하지 않을 이유가 없었다.

그 책을 읽은 이후 바로 화이트보드를 거실에 설치했다. 놀라운 사실은 이미 우리 집 베란다에 큰 화이트보드가 있었는데, 그 중요성을 모르고 방치했다는 것이다. 비니하니가 화이트보드와 친해지도록 틈나는 대로 화이트보드를 이용한 다양한 놀이를 시도했다. 몇 개월이 채 안 된 어느 날, 비니하니가 자기 몸보다 3배 이상 큰 화이트보드 앞에서 역사 강의를 하기 시작했다. 형과 동생이 문답을 나누며 교학상장하는 모습이 너무나 자연스러웠다. 1시간이 넘도록 집중하는 모습, 심지어 그 시간을 즐기는 모습이 신기했다. 더 놀라운 것은 비니하니가 화이트보드에 빽빽하게 기록한 내용이 조선왕조 27대 왕의 족보와 그들의 역사적 특징이라는 사실이다. 이 내용은 지금 물어봐도 다 기억하고 있다.

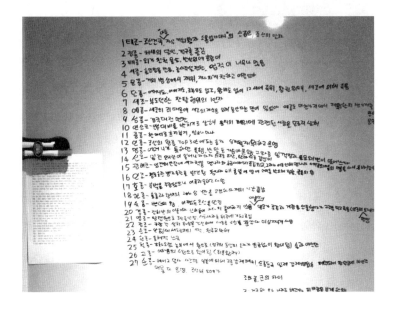

체인지 인문교육 코칭센터를 오픈할 때 가장 신경 쓴 부분이 바로 거실 한쪽 벽면을 화이트보드로 채우는 일이었다. 센터에 오는 모든 아이, 그리고 부모들에게 '화이트보드력(力)'을 알려주고 싶었다.

그렇게 3년이라는 시간이 지났다. 비니하니는 토론할 일이 생기거나, 본질을 파악하고 논리적으로 정리할 일이 있으면 자연스럽게

화이트보드 앞에 서서 보드 펜을 든다. 지금은 이 모습이 자연스럽지만, 실제로 누구든 화이트보드 앞에 서 보면 알 것이다. '자연스럽게' 화이트보드를 다루기가 결코 쉽지 않다는 사실을. 비니하니의 화이트보드력은 이재덕 강사의 저서 《어쩌다 도구》에 실릴 정도로 견고해졌지만, 그 경지에 오르기까지 많은 노력이 있었다.

현재 센터에서는 모든 아이가 비니하니와 더불어 크기만으로도 부담되는 화이트보드 벽면을 메모로 가득 채우며 열띤 토론을 벌인다. 그러면서 다른 친구들의 의견을 수용하는 인성이 다듬어지는, 보이지 않는 효과도 누리고 있다.

3년에 이 정도라면 10년 뒤 이 아이들은 얼마나 성장해 있을까? 골드만삭스나 맥킨지에 모인 세계 최고의 인재들을 화이트보드 앞에서 장악하는 인성 좋은 대한민국 리더들의 모습을 기분 좋게 상상해 본다.

지금도 늦지 않았다. 자녀의 탁월한 지성과 인성을 원한다면 당장 집 안에 화이트보드를 장착하기를 바란다.

스마트폰은
임파워먼트로

식당에 들어가면 우리 가족은 항상 애피타이저 타임을 갖는다. 애피타이저의 사전적 정의는 다음과 같다.

애피타이저 [Appetizer]
코스요리에서 가장 먼저 제공되는 식사로, 일반적으로 신맛과 짠맛을 주어 입안의 침샘을 자극하여 식욕을 촉진하는 역할을 한다.

그렇다면 우리 가족이 늘 코스요리를 먹느냐, 그렇지 않다. 우리 가족은 코스요리 먹을 돈이 없다. 그런데도 우리 가족은 비니하니가 어릴 때부터 애피타이저 타임을 가져왔다. 식당에서는 스마트폰을 절대로 보지 않고, 가족과 소통하는 시간을 가지려고 부단히 노력해 왔다는 뜻이다.

식당에 가면 항상 가족들이 눈에 띈다. 그들도 식사 전에 애피타이저 타임을 갖는다. 그런데 우리 가족과는 모양새가 좀 다르다. 자세히 보니 '애피타이저' 타임이 아니라 '애비다잊어' 타임이다. 분명 가족인데 각자 스마트폰에 몰입하고 있다. 중고등학생 자녀를 둔 가족은 물론이고 초등학생 자녀, 심지어 유치원 자녀를 둔 가족까지 모두 한결같다. '애비(아버지)를 다 잊는 시간'임이 분명해 보인다. 그런 가족을 볼 때마다 마음이 아프다.

얼마 전 주말이라 광교 호수공원에 가족과 함께 산책하러 갔다. 동백에서 가까운 공원이지만 자주 가지 못했던 터라 모처럼 설렜다. 가족이 함께하는 시간이라 더욱 설렜다. 그동안 한 번도 보지 못했던 전망대를 발견하고 가족이 함께 올라갔다. 아파트 7층 정도 되는 높이를 자랑하는 전망대 스카이라운지까지 올라가니 한 번도 담지 못했던 광교 호수공원 전체의 아름다움을 한 눈에 담을 수 있었다. 시원한 바람, 탁 트인 시야, 아름다운 뷰, 게다가 바깥쪽을 바라보며 쉴 수 있도록 가운데 기둥을 둘러싼 나무 의자는 책을 읽고픈 마음을 불러일으켰다.

"야! 여기서 온 가족이 시원한 바람 쐬며 책 읽고 토론하고 한나절 쉬면 참 좋겠다."

몇 가족이 이미 그 의자에 앉아 쉬고 있었다. 그런데 이럴 수가! 이곳에서도 '애비다잊어'타임을 갖다니! 아빠, 엄마 그리고 두 자녀가 아름다운 뷰를 뒤로하고 모두 손에 스마트폰을 쥐고 몰입하는 시간을 보내는 모습이 눈에 들어왔다. 한참을 그러했다. 우리 가족이 지난 일주일간의 삶을 나누고 감정을 공감하는 시간을 충분히 갖고 내려가는 순간까지 그 가족은 '애비다잊어'타임을 갖고 있었다. 마음 아팠다.

지금 대한민국 많은 가정이 각자도생(各自圖生)하고 있다. 끊임없이 가족 간에 소통해야 하는데, 불통하고 스마트폰만 붙잡고 폰통하는 모습이 분통스럽다. 이게 현실이다 보니 자녀의 스마트폰 중독에 대한 고민이 없을 리가 없다. 초중고 자녀를 둔 부모는 지금 자녀와 전쟁 중이다. 스마트폰 때문에 일어난 전쟁이다. 자녀 교육 문제로 상담 요청한 부모 대부분이 자녀의 스마트폰 사용에 대한 문제였다. 실제로 스마트폰 문제만 해결해도 자녀 교육 관련한 여러 가지 문제가 동시에 해결될 수 있다. 그 말은 다시 말해 자녀 교육에 가장 치명적인 문제가 바로 스마트폰 사용 문제라는 것이다.

부모들이 내게 상담 요청을 하는 이유는 비니하니가 스마트폰에서 자유롭다 생각하기 때문이다. 실제로 비니하니는 스마트폰을 거의 하지 않는다. 아예 사용하지 않느냐? 그렇지 않다. 문자도 보내고 SNS 계정 관리도 하고 검색도 한다. 단, 절제하며 필요할 때 최소한 활용한다. 스마트폰 게임은 절대 하지 않는다. 하지만 비니하니도 우여곡절이 많았다. 사실 스마트폰에 대한 유해성을 알았기에 청년이 될 때까지 스마트폰을 안 사주기로 작정했었다. 그런데 위기는 생각보다 빠르게 뜻하지 않은 곳에서 찾아왔다. 비니가 초등학교 4학년 때, 손주 생일을 맞아 할아버지가 스마트폰을 선물해준다고 하신 것이다.

"애들은 스마트폰 필요 없어요. 아이들 습관에도 안 좋아서 저희는 안 사주려고 했는데, 굳이 안 사주셔도 됩니다."

"학교 다니면서 얼마나 필요하겠어. 다른 아이들도 다 갖고 다니는데, 할아버지가 사줄게."

"아, 그리고 아이들 스마트폰 사용료 낼 비용도 부담이 되기 때문에 안 사주셔도 돼요."

"할아버지가 내줄게!"

불가항력적인 상황이 연출되면서 어쩔 수 없이 비니하니 손에 최신 스마트폰이 쥐어졌다. 비니하니를 양육하던 중 가장 큰 위기였다. 내 관점을 달리하는 수밖에 없었다.

'그래! 스마트폰을 쥐어주고 자기 주도로 스마트폰에서 자유롭도록 양육하면 훨씬 탁월한 결과가 나올 거야.'

물론 처음부터 잘되지는 않았다. 스마트폰이 신기했던 비니하니는 게임 앱도 깔고 이것저것 하면서 좀처럼 손에서 놓지 않았다. 그럴 때마다 거실 테이블에 온 가족이 모여 앉아 스마트폰을 자주 하면 뇌와 시력, 체형적인 부분에서 어떤 부작용이 일어나는지, 절제가 왜 중요한지, 비니하니는 스마트폰을 어떻게 다루고 싶은지 등에 관해 대화를 나눴다. 비니하니가 자기 생각과 말에 책임감을 느끼도록 교육했다.

뇌와 스마트폰 중독에 관한 공부도 많이 했다. 그중 권장희 소장의 세미나와 저서를 통해 도움을 많이 받았다. 권장희 소장은《우리아이 게임 절제력》에서 절제 습관의 힘 키우기의 중요성을 말하며

'임파워먼트(empowerment)'라는 단어를 사용한다. 쉽게 말하면 자기 '역량 강화' 정도로 생각하면 된다. 권장희 소장은 자신의 삶을 스스로 살아갈 수 있도록 힘을 넣어주는 '임파워먼트'를 키우는 훈련을 세 단계로 제시한다.

1단계- 컴퓨터나 스마트폰 사용에 대한 약속을 분명히 정해야 한다.
2단계- 벌칙을 활용하라.
3단계- 긍정적 가치를 부여하라.

이 세 단계는 생각보다 간단하지 않다. 나는 비니하니와 여러 시행착오를 거치며 이 과정을 다 다루었다. 구체적인 내용은 권장희 소장의 책을 잘 참고해서 적용하길 바란다. 사실 많은 부모가 뒤늦게나마 이와 비슷하게 시도를 한다. 그런데 돌아오는 반응은 한결같다. '안 되더라'이다. 그런 가정을 가만히 보면 안 될 수밖에 없는 이유가 있다. 그들은 정말 중요한 것 한 가지를 간과하고 있었다.

바로 자녀와의 소통과 유대감의 문제가 더 본질적인 문제라는 것이다. 위의 세 단계가 자녀에게 통하려면 일단 부모의 권위를 바르게 세워야 한다. 그리고 돈독한 유대감을 형성해야 한다. 이 유대감을 바탕으로만 진정성 있는 소통을 할 수 있는데, 그때 비로소 자녀에게는 스마트폰에서 자유로울 수 있는 '임파워먼트'가 생길 수 있는 것이다.

자녀의 스마트폰 중독 문제를 해결하고 싶어 상담 오는 부모에게 제안하는 것이 있다. 스마트폰이 아니라 다른 놀이나 문화 활동을 통해 재미를 찾도록 도와주라고 한다. 그런데 돌아오는 대답은 다른 놀이나 문화 활동은 재미없어 한다는 것이다. 이미 그 정도 수준이라면 중독일 가능성이 크다. 나는 그래도 포기하면 안 된다고 말한다. 사람은 사회적 존재이기에 어디서나 존재감과 소속감만 찾을 수 있으면 재미와 의미를 찾을 수 있다. 다만 온라인 게임이 아닌 다른 콘텐츠, 즉 놀이와 문화 활동에도 결국 소통과 유대감의 문제가 뒷받침되지 않으면 절대 게임보다 재미있을 수 없을 것이다.

결국 스마트폰 문제는 소통과 유대감을 반드시 이뤄내야만 근본적으로 해결할 수 있다. 그래야만 훗날 다가올 재앙을 막을 수 있다. 자녀와의 골든타임을 아직 놓치지 않은 부모에게 권면하고 싶은 두 가지가 있다.

첫째, 자녀와의 소통과 유대감을 쌓는 일에 최선을 다하라.

둘째, 자녀와의 유대감과 소통을 쌓는 일에 최선을 다하라.

주말엔 게임으로

비니하니가 스마트폰을 소유하는 날부터 지금까지 꾸준하게 하는 것이 있다. 그것은 바로 아빠와 함께하는 TV 콘솔 게임이다. 매주 일요일 오후 4시 30분부터 6시까지는 특별한 일이 없는 이상 비니하니와 함께 게임하는 시간이다. 사실 이런 아빠의 모습은 어릴 적 나의 소원이었다. 아버지는 내가 게임하는 것을 엄하게 다스렸다. 초등학교 때는 문방구 앞에서 10원짜리 게임을 하다 엉덩이가 부르트도록 맞은 적도 있다. 아버지는 게임 자체보다 오락실 환경과 중독에 대한 염려가 크셨다. 그렇게 엄하게 다스렸음에도 나는 아빠 몰래 수없이 오락실을 오갔다. 어쩌다 생긴 용돈 100원을 들고 찾아간 오락실은 스릴과 서스펜스로 가득했다. 내 운동신경은 열 손가락에도 충만해서 게임 실력이 학교 대표급이었다. 일명 오락실 깨기 원정도 나갈 수 있는 실력이었기에 게임 중독에 빠져도 크게 이상한 일이 아니었다.

그러나 늘 아쉬웠다. 한창 재미있을 만하면 돈이 떨어져 아쉬움만 가득 안고 오락실을 빠져나와야 했기 때문이다. 그 아쉬움은 어김없이 다음날 내 발걸음을 오락실로 향하게 하는 원동력이 되었다. 그럴 때마다 부모님에 대한 죄책감도 동시에 들었다. 몰래 게임하는 나 자신이 싫었다. 다행이고 감사한 것은 중고등학교 시절 오락실에서 게임하다 일정 시간이 지나면 늘 어머니의 기도하는 모습이 떠올라 바로 정리하고 귀가했다는 사실이다. 그런 반복된 삶 속에 마음에 작은 소원이 생긴 것이다.

'오락실에 아빠 손 잡고 와서 신나게 2인용 게임 한 번만 해봤으면……'

'집에서 게임기로 아빠랑 맘 놓고 게임할 수 있으면 오락실 안 갈텐데……'

게임 중독이 되는 이유를 무의식중에 알았던 것 같다. 차라리 질리도록 게임을 하고 나면 오락실에 안 갈 것 같았다. 실제로 오락실 게임 종목 끝판을 깨고 나면 흥미가 급격히 사라졌다. 집에 오락기가 있고, 눈치 보지 않고 아빠랑 게임을 하면 자주 하지 않아도 될 것 같았다. 아빠 몰래 오락실 다니다 보니, 100원 200원 한정된 자원(?)을 가지고 가다 보니, 게임의 재미에 아쉬움까지 더해져 중독으로 갈 수밖에 없는 것이었다.

어린 시절부터 훗날 결혼하면 아들 둘을 달라고 기도한 이유 중 하나가 바로 함께 게임을 하기 위해서였다. 그런데 시대가 빠르게 변해 오락실은 사라졌다. 대신 훨씬 퀄리티가 높은 무궁무진한 게임 콘텐츠를 손안에서 얼마든지 접할 수 있는 시대가 됐다. 아무리 부모가 노력해도 아이들이 자연스럽게 게임에 노출될 수밖에 없는 환경이다. 초등학교 저학년까지 스마트폰을 소유하고 있을 만큼 어디서든 게임을 할 수 있는 환경 속에서 아이와 게임을 분리하기란 하늘의 별 따기만큼이나 어렵다.

비니하니도 스마트폰을 통해 게임에 노출될 수밖에 없었다. 무작정 스마트폰 게임을 못 하게 하면 관계가 깨지는 것은 물론이고 오히려 게임 중독될 가능성이 크다는 사실을 알았기에 어릴 적 경험을 토대로 지혜롭게 대처해야 했다. 그래서 비니하니가 스마트폰을 처음 접하고 게임 앱을 설치했을 때 가족회의를 진행했다. 뇌 기능 파괴, 시력 저하, 분노조절장애 등 스마트폰 게임 중독의 부작용에 대해 구체적으로 알려주면서 스마트폰 게임은 가족 모두 하지 않기로 약속했다. 대신 매주 일요일 오후 시간에 가족과 함께 넓은 TV 화면으로 게임하는 시간을 보장해주겠다고 했다. 게임은 혼자 할 때보다 가족이 함께할 때 더욱 재미있다는 것을 알려주고 싶었다. 가족이 함께 모여 게임하는 가족문화를 만들어주고 싶었다. 그 시간마저도 소통하는 시간으로 가질 수 있다면 게임에 대한 바람직한 인식이 아이들에게 생길 수 있을 거라 확신했다.

아이들이 게임에 대한 중독이 생기지 않도록 전략적으로 반응했다. 우선 건강한 게임 콘텐츠를 선택했다. 쏘고 죽이는 폭력성이 높은 게임류는 아예 구매하지 않았다. 대신 레슬링 게임 CD를 교훈용으로 구매해 아이들의 생각을 말하게 했다. 게임 속에서 사람을 아무렇지도 않게 때릴 때 어떤 생각이 드는지, 마음이 불편하지는 않은지, 일상으로 돌아왔을 때 머릿속에 어떤 장면이 맴도는지 등에 대해 아이들과 대화했다.

"레슬링 게임을 해도 마음이 불편한데, 사람을 쏘고 죽이는 게임에 장시간 노출되면 어떤 생각이 머릿속에 꽉 차게 될까? 실제 나의 행동에 어떤 영향을 미칠까? 이런 문제들 때문에 아빠는 스포츠 게임 콘텐츠를 함께하고 싶어."

이렇게 내 생각을 말했더니 비니하니도 좋아했다.

아이들과 함께하기에 축구게임만 한 것이 없다고 생각한다. 일단 콘텐츠 자체가 건전하다. 그리고 원하면 가족 모두가 함께할 수 있다. 게임을 하면 주로 아빠 vs 아이들 대결 구도로 가는데, 미션은 '아빠를 이겨라'이다. 무조건 3판 2선승제로 게임 양을 정하되 시간은 정하지 않는다. 그런데 세 판을 다해도 1시간 반이 넘지 않는다. 게임을 할 때 정해진 시간에 쫓기듯 하면 아쉬움을 남기기 십상이다. 그래서 비니하니에게는 아빠를 이기는 미션으로 게임을 접하게 했다. 덕분에 이기면 성취감을, 지면 도전감을 주는 시간이 될 수 있었다.

무엇보다 축구는 팀워크가 굉장히 중요하다. 처음에는 비니하니도 후두엽만 자극되는 게임이기에 신경이 예민해지게 되면서 골을 먹으면 서로 탓하기에 바빴다. 그러면 조직력이 급격히 무너져서 아빠를 이기는 건 고사하고 더 많은 실점으로 경기를 망치기 일쑤였다. 그 모습이 보기 싫었지만, 그 또한 자기 객관화할 수 있는 기회

비용이라 생각하고 차분하게 대화했다. 서로 탓하며 책임 회피하는 모습이 얼마나 팀에 마이너스 요소인지, 감정을 다스리는 게 왜 중요한지 말해주었다. 나아가 지금 모습이 게임에 빠지게 되면서 습관이 되면 일상생활에서 성격장애로 더 심하게 나타날 수 있는 모습이라는 점 등을 설명했다. 예상 외로 게임을 통해서 평소 못 다룰 내용을 터치해 줄 수 있었다.

하루는 시간제한 없이 맘껏 할 수 있도록 놔두기도 했다. 그런데 2시간 정도 하고 게임을 정리하는 게 아닌가. 왜 벌써 끝냈냐고 물었더니, 머리 아프고 재미가 없어졌다고 했다. 아빠랑 한 시간 정도 게임하는 게 훨씬 재미있다고 했다. 그때를 놓치지 않고 그 감정에 대해서도 충분히 이야기 나눴다.

비니하니는 집에 아빠 엄마가 없어도 TV 콘솔 게임을 멋대로 하지 않는다. 부모들이 그토록 원하는 '게임절제력'을 비니하니는 장착한 지 오래다. 그게 과연 가능할까 싶은 부모도 있을 것이다. 그 비밀을 알고 싶은가?

인터넷에도 게임 중독에 대한 솔루션들이 많이 있다. 아래 제시한 3가지 솔루션을 아마 많이 접해보았을 것이다.

1. 게임 시간제한하고 함께 놀아주기.

2. 게임 30분 후 10분 정도 휴식하기.

3. 매일 30분씩보다 일주일에 한 번 90분 허락해주기.

이 솔루션을 시도 안 해본 부모는 아마 없을 것이다. 그런데 이를 통해 게임 중독을 완전히 고친 가정은 드물다. 내가 분석한 실패 원인은 두 가지다.

첫째 원인은 소통과 유대감이다.

어려서부터 쌓아온 소통과 유대감이 있어야 이 솔루션이 통할 수 있다. 오랫동안 소통과 유대감 없이 지내다가 게임 문제 앞에서만 저런 잣대를 들이밀고 부모 노릇하려 하면, 아이들 입장에서는 더 짜증 날 수밖에 없다. 아직 어린 자녀를 키우는 부모가 이 글을 본다면 뒤늦게 후회하지 말고 소통과 유대감의 골든타임을 꼭 잡기 바란다.

둘째 원인은 접근 방법의 차이이다.

위의 솔루션의 공통점은 모두 '시간'에 초점이 맞춰져 있다는 것이다. 게임을 시간으로 통제하면, 아이에게 게임은 '계속하고 싶은 것'이 된다. 연예인 자녀의 게임 중독을 다루는 TV 프로그램을 보면 대부분 아이는 부모와 게임 시간에 대한 약속이 있는 아이들이다. 그런데 시간을 정확히 지키는 아이들은 거의 없다. "5분만, 5분만" 하며 통제 불능상태가 된다. 지극히 당연한 반응이다.

만약 부모가 좋아하는 드라마를 보고 있다고 하자. 한창 몰입되어 있는데, 누가 TV를 끄라고 하면 어떻게 반응하겠는가. 지금까지 부모는 그런 무지막지한(?) 솔루션으로 아이들을 대해 온 것이다. 게임은 시간이 아니라 '미션(목표)'으로 접근해야 한다. 실제로 우리 집에서는 모든 게임을 '미션화'한다. 물론 시간제한을 두는 것도 때로는 필요하지만 대부분 미션 범위 안에 시간제한이 자연스레 녹아 있어 크게 문제되지 않는다.

그럼 어떤 미션으로 접근해야 하는가에 대해 질문할 것이다. 게임의 종류나 가정환경에 따라 다르므로 딱히 뭐라 답할 수는 없다. 다만 이 역할은 엄마보다는 아빠가 해주기를 추천한다. 엄마는 정서적 공감을 해주는 역할을 맡는 것이 더 효과적이다. 물론 미션이 정해진 뒤에는 엄마도 함께 게임에 참여해주면 더욱 좋다. 우리 집 엄마도 언제나 게임 시간에 적극적으로 동참해왔다. 유대감을 위해서.

게임을 제한된 시간에 맞추는 것은 아이들의 의무가 아니라 노력이다. 그래서 나는 항상 비니하니가 게임을 마무리하고 뒷정리할 때마다 그 노력을 칭찬했다. 그 칭찬으로 아이의 자존감이 높아지면 절제력은 고통이 아니라 기쁨이 되는 것이다. 그러면 다음 기회에도 스스로 게임을 절제하고, 끝난 이후에는 더 큰 기쁨을 누리는 건강한 사이클을 갖게 될 것이다.

그래서인지 비니하니는 주중에 게임에 대한 욕구가 없다. '주중'은 당연히 게임을 하지 않는 시간으로 알고 있다. 덕분에 자신의 미래와 인생을 위해 해야 할 일들에 집중할 힘이 생겼다. 대신 일주일 최선을 다해 살고, 그에 대한 보상으로 일요일 오후 아빠와 함께 반드시 축구 게임을 통해 스트레스를 해소하며 소통하는 시간을 갖는다.

언젠가 비니하니와 극장에 갔을 때였다. 영화 시작 전 상영되는 게임 광고를 보며 비니하니가 속삭였다.

"무슨 광고인가 했더니 게임 광고였네. 저런 광고 보고 수많은 아이가 또 저 게임 다운받아 게임에 빠지겠지?"

기특한 대화에 내가 끼어들었다.

"너희들은 저런 광고 보면 해보고 싶다는 생각 안 드니?"

"네. 폭력적인 데다가 작은 스마트폰으로 게임하면 눈과 머리만 아파요. 아빠랑 주일에 하는 축구게임만으로도 충분하고, 게임 말고 몸으로 하는 운동이나 놀이가 훨씬 재미있어요."

"이야! 저 게임 만들려고 엄청 많은 돈을 투자했을 텐데, 너희같이 반응하면 게임회사 금방 망하겠는데?"

일요일 오후, 오늘도 신나게 "슛!", 패스!" 소리 지르며 게임을 마친 우리 가족. 우리는 마음속으로 이렇게 외친다.

"미션 성공!"

가슴 설레는 미래 저널

우리나라의 획일화된 교육환경 속에서는 정답을 많이 맞히는 것, 반에서 1등, 전교에서 1등 하는 것, 마침내 좋은 대학에 들어가는 것을 최고로 여긴다. 그 목표 달성을 위해서는 그저 많은 것을 외우고 공부하면 그만이다. 그래서 아이들은 늘 바쁘고 시간이 모자란다.

조금만 눈을 돌려 보자. 하버드, 옥스퍼드, 스탠퍼드 등 세계 최고 대학이라는 곳에서는 전혀 다르게 '생각하는 법'을 익히도록 교육한다. 그곳에 있는 세계 최고 인재들은 하나같이 자기 생각을 논리적으로 말하는 데 능수능란하다. 다른 데서 보고 배운 것에 기대어 말하는 것이 아닌 온전히 자기 내면으로부터 스스로 내린 생각이다. 대학 입학 전부터 '스스로 생각할 줄 아는 능력'을 키우는 것 또한 공통점이다. 그곳에서는 '자신이 어떤 생각의 소유자인가', '무엇을 소중히 여기는 사람인가' 등의 질문을 끊임없이 던진다. 스스로 생각할 줄 아는 사람이야말로 미래를 장악할 수 있는 최고의 인재라는 사실을 알고 있기 때문이다.

이런 대학들에 획일화된 지식을 무조건 많이 외워 100점 맞는 대한민국 학생이 지원할 수 있을까? 애초에 국내 대학 진학에 목표를 두고 있다면 상관없을 것이다. 아니, 정말 상관없을까? 이전 시대까지는 '그런 교육'이 통했다. 그 이전 시대라는 것은 3차 산업혁명 시대까지를 의미한다. 하지만 전혀 예측할 수 없는 4차 산업혁명 시대에는 그런 교육이 통하지 않는다. 지식과 기술을 아무리 천재 수준으로 쌓아도 기하급수 원리가 너무나 쉽게 적용되는 인공지능의 지식과 기술 앞에는 비교조차 되지 못하기 때문이다. 그렇다면 4차 산업혁명 시대에 살아남기 위해, 인공지능에 지배당하지 않기 위해 어떤 능력을 갖춰야 할까? 바로 '인성'과 '영성'이다.

인공지능의 메카인 실리콘밸리는 전혀 다른 시대를 준비하기 위해 '다른 교육'을 하고 있다고 한다. 인공지능을 지배할 수 있는 유일한 능력은 지식이 아니라 바로 '자기 자신의 내면의 힘을 조절할 줄 아는 능력' 즉 '공감 능력'과 '조화를 이루는 능력'인 것을 알기 때문이다. 또한, 그것이 '창의력'의 원동력이 되는 것을 알기 때문이다. 그래서 실리콘밸리의 천재들은 세 가지를 깊이 생각하고 글로 쓰고 나누기를 권하고 있다.

1. 나는 누구인가?
2. 나는 왜 사는가?
3. 나는 무엇을 위해 살아야 하는가?

비니하니는 어릴 때부터 성경 말씀을 가지고 QT를 하면서 위와 비슷한 질문을 던지고 답하는 훈련을 꾸준히 해왔다. 그 이유는 비니하니가 성공해서 자기 배만 채우는 이기적 존재가 아닌 세상에 선한 영향력을 끊임없이 나누는 서번트 리더가 되도록 하기 위함이었다. 하나님께서 '나'를 어떤 목적으로 이 땅에 보내셨는지를 알고, 비전 즉 목적이 이끄는 삶을 살기 위해서는 반드시 해야 하는 질문이었다. 그래야 바른 세계관과 가치관이라는 인식의 틀이 형성된다고 생각했다. 그때 비로소 배우는 지식이 지혜(인성, 지성, 영성)로 완성될 수 있다고 믿었다.

그러는 사이 시대가 급격히 변하면서 인공지능 시대에 필요한 인재는 IQ, EQ가 아닌 SQ 지수가 높아야 함을 강조하는 목소리가 나오게 되었다.

> 앞으로 인공지능과 공존하며 세상을 넉넉하게 살아가기 위해서는 IQ, EQ가 아닌 SQ를 강화해야 한다
>
> -하워드 가드너

세계적 교육학자이자 하버드대 심리학 교수인 하워드 가드너의 말처럼 미래 인재상의 기준은 확실히 달라졌다. QT를 통해서도 SQ 지수가 높아지지만, 나는 조금 더 구체적으로 꾸준히 적용할 수 있는 자기성찰 도구가 있으면 좋겠다고 생각했다. 간절한 바람의 응답으로 2019년도에 극적으로 박병기 교수를 만났다. 박병기 교수는

웨신대 미래 교육 리더십 교수로, 미래 교육과 서번트 리더십에 관해 다년간 연구하신 분이다. 현재 eBPSS 마이크로 칼리지를 이끌어가며 미래 시대를 이끌어갈 대한민국 인재 양성에 힘쓰고 있다. 그 기초가 바로 '미래 저널'인데, 이 '미래 저널'이 내가 그토록 찾았던 것이었다.

박병기 교수는 아이들의 언어적, 탐구적, 성찰적, 표현적, 의사소통적, 자기 평가적 능력 향상에 아날로그 방식의 미래 저널 쓰기가 효과적임을 과학적으로 입증된 자료를 바탕으로 강조한다. 신앙이 있든 없든 모든 사람이 부담 없이 매일 작성할 수 있도록 구성된 미래 저널은 7가지 영역을 질문하고 답하도록 도와준다.

1. 사람, 환경, 동물, 식물, 미생물, 자연현상에 대한 감사 거리 3가지 적어보기

2. 나는 누구인지 적어보기

3. 세상에 선한 영향력을 미친 한 사람을 선정해 적어보기

4. 오늘 친구나 가족과 함께 시간 가는 줄 모르고 한 놀이가 있으면 적어보기

5. 왜 공부하는지, 왜 사는지, 왜 그 일을 하는지를 생각해보고 적어보기

6. 오늘 화가 나는 일이 있었다면 화난 일을 적어보기

7. 서번트 리더십 체크하기

이렇게 7가지 영역을 매일 생각하며 작성하면 인생을 깊이 들여다볼 수 있는 생각 근육을 키울 수 있다. 아울러 인공지능에 대체되지 않는 서번트 리더십을 자연스럽게 갖출 수 있다. 이는 뇌 과학적으로도 입증된 사실이다. 이 놀라운 미래 저널을 비니하니는 매일 작성한다. QT와 더불어 매일 아침, 저녁 5분씩 자신의 삶과 앞으로 살아갈 인생을 돌아보며 7가지 질문 앞에 진지하게 성찰하고 답한다. 그러다 보니 부모가 특별히 잔소리할 일이 없다.

감사 항목을 기록하면 늘 작은 것에 감사할 줄 알게 된다. 자신이 누구인지, 왜 사는지, 왜 공부를 하는지를 기록하면 목적이 이끄는 삶을 살 수 있다. 선한 영향력을 미친 한 사람을 매일 적어가면 서번트 리더십의 덕목을 자연스럽게 축적할 수 있다. 가족과 함께하는 시간 가는 줄 모르는 놀이를 통해 4C를 발달시킬 수 있고, 화가 난 일을 매일 쓰면서 화를 객관화하면 내면에 쓴 뿌리가 생기는 것을 막을 수 있다.

비니하니는 미래 저널 쓰기를 스스로 한다. '스스로 하기'는 가장 중요하다. 다음으로 중요한 것은 스스로 쓴 미래 저널을 온 가족이 함께 나누며 서로의 하루를 피드백하는 것이다. 오늘도 우리 가족은 그렇게 했다. 오늘도 비니하니는 자신의 삶에 주인의식을 갖고 늘 바람직한 질문과 답을 내리며 SQ 지수를 조금 더 키워냈다. 이렇게 5년, 10년 미래 저널을 쓰며 자란 비니하니의 미래 모습은 어떨까? 생각만 해도 가슴 설렌다.

성공으로 가기 위한
비밀 병기

비니하니와 자주 이야기 나누는 것이 있다. 살면서 느끼는 고통, 실패, 아픔, 통증이 그것이다. 인생의 역경은 누구나 겪는 것이고, 그 역경은 곧 성장의 바탕임을 이야기한다. 어느 날은 비니하니가 쉽게 이해할 수 있도록 팔굽혀펴기 과정을 예로 들었다.

"팔굽혀펴기를 하면 처음에는 쉽게 해도 개수가 늘어날수록 힘들어지지? 부드럽게 하지 못하고 중간에 한 번 멈칫하며 하게 되는데, 그 순간을 '스티킹 포인트'라고 해. 이 스티킹 포인트는 '지금부터는 무리다'라고 몸이 보내는 신호야. 이 신호를 무시하고 억지로 더 하게 되면 몸의 한계를 넘어서는 것인데, 그러면 근육에 '상처'가 나는 거야."

"상처가 나요?"

"그래. 운동 후 현미경으로 근육을 들여다보면 원래 장조림처럼 가지런히 붙어 있던 머리카락 굵기의 근섬유가 걸레처럼 해어져 있는데, 근섬유가 다쳐서 그런 거지. 이때 단백질이 들어오면 근섬유

들을 붙잡아 스스로를 강화하게 돼. 운동선수들이 닭가슴살을 먹는 이유가 여기에 있지. 그런데 이전과 똑같이 만드는 것이 아니라 다음을 대비해 조금 더 강하고 두껍게 만들어놓는 거야. 이렇게 먼저 시련을 줘서 다치게 만들고, 몸의 회복 능력을 이용해 스스로를 더 강하게 만드는 근육처럼 인생 가운데 겪는 고통, 실패는 너희들을 더욱 강한 사람으로 만드는, 아주 감사한 과정임을 잊지 마라."

이런 류의 대화를 자주 주고받는 비니하니는 다른 아이들에 비해 역경지수가 상당히 높다. 의지적으로 그 역경과 고난을 바르게 해석하여 받아들이기 때문에 인내심이 높은 편에 속한다. 상담받는 부모에게 이런 이야기를 들려주며 자녀들에게 역경이 있어야 비로소 성장한다고 말하지만, 교과서에서 절대로 배울 수 없는 진정한 배움과 성장이 역경에서 생기는 것을 부모 특히, 엄마들은 잘 모르는 것 같다. 안 그래도 힘든 세상을 살아가는 아이가 안쓰러워서인지, 아니면 지극한 모성 본능에 의해서인지는 모르겠지만, 아이가 원하는 것이나 필요로 하는 것은 무엇이든지 다 해주려고 하면서 조금이라도 위험하거나 불편하거나 손해가 생기는 것으로부터 아이를 보호하려고만 하는 모습은 바람직하지 못하다. 부모가 원하는 진짜 양육에 반하는 핵심적인 모순이라 생각한다. 아이가 남들보다 잘하기 원하고 진심으로 성장하기 원하지만 성장에 반드시 필요한 실수와 실패 같은 역경은 용납하지 못하는 이중성을 많은 부모가 가지고 있는 것 같다. 실수와 실패를 하지 않아야 인재라고 생각하는 듯하다. 과연 맞는 생각일까?

요즘 천체 물리학과 블랙홀에 폭 빠져 있는 비니가 존경하는 아인슈타인의 젊은 날은 실패와 실수로 가득했다. 고등학교를 자퇴했고, 스위스 폴리테크닉대에 지원했지만 프랑스어와 화학 점수 때문에 낙방했다. 더구나 상대성 이론이라는 논문을 쓰기까지 학회에 인정받지 못한 248편의 실패한 논문이 있었다. 많은 사람들이 이 사실을 잘 모른다. 피카소, 모차르트, 베토벤 같은 우리가 잘 알고 있는 천재들도 마찬가지다. 그들은 계속 실패하고 시도하는 가운데 위대한 작품을 만들었다는 공통점을 갖고 있다.

결국, 창의적인 사람은 그 누구보다 실패를 많이 한 사람이다. 그래서 창의적인 사람은 도전을 주저하지 않고 실패를 두려워하지 않는다. 우리는 자녀를 창의적 인재로 키우고 싶어 하면서 실수와 실패를 용납하지 않는 환경 속에 키우고 있다. 그래서 '고정형 사고방식'을 가진 아이로 키우고 있다는 사실을 꼭 알아야 한다. 나는 비니하니는 실패를 두려워하지 않는 '성장형 사고방식'을 가진 아이로 키우고 있다. 어떤 상황에서도 실제로 부딪쳐보며 시행착오를 통해 새로움을 배우게 하고 있다.

물론 실패한 뒤 성찰이 없다면 아무 소용없다. 실패로부터 배우기, 즉 똑똑하게 실패하는 것이 중요하다. 《최고의 석학들은 어떻게 자녀를 교육할까》에 똑똑하게 실패하기의 교훈이 생생하게 담겨 있다. 책의 저자는 할리우드 스타를 치료하는 스타 심리학자 벤 마이클리스이다.

벤 마이클리스는 빠르게 변하는 세상에서, 아이에게 선물해줄 수 있는 최고의 지혜는 '무엇을' 생각하는지가 아니라, '어떻게' 생각하는지를 가르치는 것이라고 주장했다. 그런 의미에서 '똑똑한 실패 (intelligent failure)'는 아이들에게 줄 수 있는 최고의 교훈이라고 말했다. 나아가 똑똑한 실패를 위한 여섯 단계를 제안했다. 이는 실패의 충격에서 벗어나 올바른 대응 방법을 찾기 위한 과정으로서 느끼기 Emote, 다짐하기 Vow, 알아차리기 Observe, 배우기 Learn, 모험하기 Venture, 마지막으로 가장 중요한 실행하기 Execute로 정리했다. 그는 아이들에게 이 여섯 가지 단어의 앞글자를 연결해서 'EVOLVE'로 기억하라고 가르쳤다.

'그래. 이거야! 실패를 통해 점진적으로 발전하기 위해 이 6단계를 아이들에게 주자!'

나는 곧바로 'EVOLVE'를 가르치리라 다짐했다. 그리고 며칠 뒤 마침 비니가 작은 실수를 했다. 평일 오후 가방에 책 여러 권을 챙기더니, 옷을 주섬주섬 챙겨 입고 이렇게 말했다.

"아빠, 학교에서 규한이 만나 동백도서관에 책 반납하고 읽고 싶은 책 좀 빌려올게요."

"그래, 차 조심해서 다녀와라."

비니는 두 시간 정도 지나 귀가했는데, 약간 눈치를 보다가 입을 열었다.

"아빠, 대출증을 안 가져가서 책을 반납 못 하고 그냥 돌아왔어요."

"그래? 그렇게 나름 준비해서 갔는데 오며 가며 너의 소중한 두 시간이 낭비됐네. 물론 운동은 충분히 됐겠지만……."

"네, 잘 챙긴다고 했는데."

"일단 오늘 외출 계획이 없으면 손발 씻어라."

"네."

나름 차분히 대화를 주고받았다. 그리고 벤 마이클리스의 방법을 응용해서 '성장의 열쇠 EVOLVE 실패 일기' 서브 바인더를 그 자리에서 만들었다. 이런 작은 실수에 후속 조치를 하는 것이 비니하니에게 좋은 공부가 될 거라 생각했다.

"규빈아, 규한아! 여기 앉아봐라. 오늘 똑똑한 실패를 위한 실패 일기 바인더를 만들었는데, 오늘 규빈이 실수가 뭐가 있을까?"

"낮에 도서관에 갈 때 대출증 안 챙겨가서 헛걸음한 거요."

"그래? 그럼 아빠가 만든 양식지 보고 한번 실패 일기 써볼래?"

"네!"

비니하니는 생각보다 진지하게 기록했다. 그리고 6단계의 다양한 관점에서 자신의 실수를 스스로 피드백하는 것을 보며, '이거야말로 보물이구나' 싶었다. 이후로 실패를 경험하거나 실수를 하면 어김없이 그날 저녁 책상에 앉아 실패 일기를 기록하고, 가족 앞에서 스스로 피드백을 한다. 실패 일기를 쓴 이후로는 잔소리가 필요 없게 됐다.

당신의 자녀가 창의적 인재가 되기를 원한다면 이 말을 기억하길 바란다.

똑똑한 실패는 성공으로 가는 지름길이다.

전혀 예측할 수 없는 4차 산업혁명 시대가 빠르게 다가오고 있다. 부모들은 어찌할 바를 모른다. 하지만 나와 아내는 전혀 불안하지 않다. 왜냐하면, 그 어떤 가정도 가지지 못한, 미래 인재로 키워주는 강력한 비밀병기를 두 개나 가지고 있기 때문이다. '미래 저널'과 '성장의 열쇠 EVOLVE 실패 일기'가 바로 그것이다. 이제 그 비밀병기를 대한민국 부모에게 전해주고 싶다.

'미래 저널'을 사용하기 원한다면 거꾸로 미디어연구소(gugguro.com/박병기 소장)를 두드려라.

'성장의 열쇠 EVOLVE 실패 일기'를 서브 바인더로 만들어서 바로 적용해 보라. (양식지 참고)

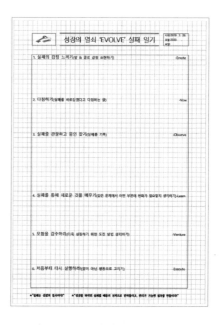

행복한 삶을
만드는 바인더

부모라면 누구나 자녀가 행복하고 성공적인 삶을 살기를 원한다. 그런데 대부분 행복과 성공의 기준이 물질에 맞춰져 있다. 행복하려면 돈이 많아야 하고, 돈을 많이 벌려면 연봉이 높은 직장에 취직해야 하고, 좋은 직장에 들어가려면 좋은 대학에 가야 한다고 생각한다. 그러다 보니 아이들은 자기 인생을 관리하기보다는 성적과 스펙만 관리하느라 정신없다. 그렇다면 정말 높은 연봉을 받는 자리에서 부와 명예를 누리면 행복한 삶을 살 수 있을까? 국가와 사회 지도자를 비롯해 성공자라 불리는 유명인사, 연예인, 프로 운동선수 가운데 자기경영에 실패해 한순간에 모든 것을 잃게 되는 경우를 우리는 종종 목격하고 있다.

그렇다면 자녀들이 행복한 삶, 성공적인 삶을 사는 방법은 무엇인가? 아무리 돈이 많아도 '건강'을 잃으면 불행하다. 사람은 사회적 존재이기에 '원만한 대인관계'를 가지지 못하면 불행하다. 아무리 높은 연봉을 받고 일을 해도 '좋아하는 일을 하는 삶'이 아니면 불행하다. 그리고 다른 것을 다 가져도 '재정적 자유'를 이루지 못하면 불행하다.

브라이언 트레이시는 이 네 가지 요소를 인간이라면 누구나 가지고 있는 공통적인 소망이자 목표라고 한다. 또한 "무엇보다 행복하고 성공적인 삶을 살기 위해 가져야 할 중요한 목표 중 하나는 자기 자신의 재능(달란트)을 계발하는 것이다. 이러한 목표를 이루는 데 가장 결정적 요소는 자신 자신이 꿈꾸는 최상의 존재가 되도록 이끌어주는 성품과 구체적 습관을 개발하는 것이다"라고 말한다.

그래서일까? 백만장자들이 자신의 성공 요인으로 꼽는 중요한 5가지 요인을 살펴보면 다음과 같다.

1위 자기관리가 철저하다.
2위 모든 사람에게 정직하다.
3위 사람들과 잘 어울린다.
4위 내조・외조를 잘해주는 배우자가 있다.
5위 다른 사람보다 더 열심히 일한다.

여기에서 보면 알 수 있듯이 성공 요인의 첫 번째는 성적이 아니다. 자기관리다. 경영학의 아버지라 불리는 피터 드러커는 정치, 경제, 경영, 교육 모든 분야에서 자기경영을 가장 중요한 가치로 생각했다. 자기경영, 즉 '셀프리더십(self-leadership)'은 자신의 인생에 대해 스스로 방향을 고민하고 자율적으로 관리하고 이끌어가는 리더십이다. 인생의 비전, 목표관리, 시간관리, 지식관리, 인간관계 등이 이에 해당하는데, 이것은 우리 자녀들에게 꼭 필요한 역량이다.

어릴 때부터 자신의 비전과 목표를 찾고 시간과 지식, 인간관계를 관리할 수 있다면 어떤 어려움에 처해도 그 어려움을 딛고 일어설 힘을 가진 사람이 될 것이다. 아무리 어려운 일을 당해도 다시 일어설 힘이 있다면 그 사람은 어느 곳에 있든지 행복할 수 있고, 성공적인 삶을 살 수 있다. 감사하게도 자기경영을 체계적으로 훈련하여 바람직한 습관을 들일 수 있도록 도와주는 도구가 한국에 있었다. 바로 3P자기경영연구소 강규형 대표의 3P 바인더이다. 2017년 나는 이를 처음 알게 되면서 40년 동안 '자기경영' 하지 않고 열심히만 살았던 지난날의 삶을 후회했다. 후회하며 3P 기본·코치 과정을 통해 바인더 교육을 받았다. 본격적으로 시간관리, 목표관리, 지식관리가 되면서 삶에 많은 성과를 내기 시작했다.

매일 시간을 기록하고 책을 읽으며 지식관리를 하는 아빠의 모습을 보고 비니하니는 자연스럽게 바인더에 관심을 가졌다. 이 좋은 자기경영 도구를 비니하니에게 전수해주고 싶어 내친 김에 초등학생 바인더 사용법을 알려주는 3P 초등보물찾기 코치 과정을 이수했다.

초등학생 보물찾기 바인더 안에는 진로계획, 꿈과 비전 선언문, 긍정습관, 시간관리, 독서습관, 학습계획, 인간관계, 공부방법이라는 8가지 보물이 찾아갈 수 있도록 담겨 있다. 이 과정을 마친 이후 나는 직접 비니하니에게 바인더 사용법을 가르쳤고, 비니하니는 3년째 바인더에 자신의 인생 비전, 목표를 기록하며 자기경영하는 습관을 만들어가고 있다.

알다시피 목표는 학습 효율을 올려준다. 다만 원대한 목표와 구체적인 목표 둘 다 있어야 한다. 원대한 목표는 가슴을 뛰게 하는 열정을 일으키는 긍정적인 역할을 하지만, 만약 원대한 목표만 있다면 학습에 대한 체계를 세우기 어려울 뿐만 아니라, 노력의 성과가 잘 보이지 않아 결국 중간에 포기하게 만든다. 실현 가능한 구체적인 목표를 통해 체계를 잡고, 작은 성취를 매일 확인해나갈 때 꾸준히 이어나갈 수 있다. 원대한 목표와 실현 가능한 구체적인 목표를 잡고, 매일 해야 할 실천 목록을 만들어 학습하도록 노력해야 한다.

비니하니는 진작부터 원대한 목표와 구체적인 목표를 스스로 관리할 수 있도록 가르쳤다. 5학년 때부터 자신의 바인더를 통해 시간과 목표, 비전을 기록, 관리하면서 비니는 '스탠퍼드 대학교에 진학 후 물리학과 기계공학을 통해 미래 지구 대체에너지 개발과 환경 보호 하는 일에 이바지하는 것', 하니는 '미네르바 스쿨에 진학해서 다양한 세계의 문화를 통해 인문학적 소양을 갖추면서 사람들의 필요를 돕는 작가이자 메신저가 되는 것'이라는 원대한 목표를 세웠다.

동시에 그 목표를 이루기 위해 올해 자신이 해야 할 일들을 서브 바인더를 통해 스스로 관리하며 학습하는 자기주도적 모습을 갖춰가기 시작했다. 만약에 비니하니가 이와 같은 자기경영 도구가 없었다면, 사막에서 길을 찾지 못하고 방황하는 '윤형방황(輪形彷徨)'의 모습으로 하루하루 시간을 보내고 있을 것이다.

자녀가 행복한 삶, 성공하는 인생을 살기 바란다면 바인더를 손에 쥐어줘라. 그리고 그 도구를 제대로 활용하는 자녀의 모습을 보고 싶다면 부모 먼저 바인더를 통해 자기경영하라. 그러면 자녀는 반드시 행복한 삶, 성공하는 삶을 살 수 있을 것이다.

미래 인재를 그리는
마인드맵

비니하니를 비롯해 아이들이 공부하는 모습을 보면서 오랫동안 고민했던 것이 있다. 아이들이 공부하는 과정 가운데 재미를 느끼며 즐겁게 공부할 방법은 없을까? 사실 어른들도 '공부' 하면 설렘보다는 지루함이라는 생각이 먼저 떠오를 것이다. 우리가 흔히 천재, 혹은 영재라고 부르는 아이들을 보면 어떤 분야나 과목에 있어 탁월한 모습을 보인다. 잘하는 분야가 저마다 다른 그들에게 공통점이 하나 있는데, 그것은 바로 '공부하는 과정 가운데 즐거움을 느낀다'라는 것이다. 재미있고 즐거우니까 몰입하게 되고, 반복하게 되고, 오래 하게 되는 것이다. 그러면서 자연스럽게 그 분야에 있어서 영재로서의 탁월한 능력을 발휘할 수 있게 되는 것이다.

우리가 잘 알고 있는 몬테소리 교육의 핵심이 그런 것이다. 창시자 마리아 몬테소리는 교육의 핵심을 자유, 몰입, 성취로 보았다. 이지성 작가는 몬테소리 교육의 위대함은 자신이 공부하고 싶은 주제를 자유롭게 선택하게 해서 즐겁게 몰입하게 함으로 성취감을 주고,

여기서 얻게 되는 기쁨이 또 다른 주제를 정하고 더 깊이 집중하고 몰입하게 만드는 욕구로 연결되게 하는 것에 있다고 한다. 이것의 무한 반복으로 내면화하고 실천하면 글로벌 인재가 될 수 있다. 그 대표적인 글로벌 인재들이 구글의 레리 페이지와 세르게이 브린이다.

공부 잘하는 아이들은 대체로 노트 필기 요약을 잘한다. 그런데 요즘 대부분의 아이들은 내용 요약은 고사하고 필기하는 것 자체를 너무 싫어한다. 또한 책이나 텍스트보다는 유튜브 같은 영상으로 정보를 받아들이는 것을 즐기기 때문에 어휘력이나 문해력이 떨어진다. 그러다 보니 자연스럽게 논리적으로 말하는 능력도 저하되어 있다. 내가 몸소 코칭을 하면서 느낀 점이다.

어떤 정보를 받아들일 때 오래 기억하고 '내 것'으로 소화해낼 수 있어야 지식의 축적과 성장이 일어난다. 하지만 이해는 고사하고 단순 암기조차도 어려워하는 아이들을 보면서 안타까웠다. 그런데 그런 아이들에게 뇌의 기능을 이해시키고, 그것을 활용하여 학습할 수 있도록 코칭했을 때 이전과는 상당히 다른 성과를 보이기도 했다. 그것을 체험한 나는 이 모든 것을 아우를 수 있는 것이 없을까 하는 고민을 오랫동안 해왔다. 그 고민의 해답은 바로 '마인드맵'이었다. 비니하니에게만 아니라 내가 만나는 모든 아이에게 마인드맵만큼은 반드시 가르쳐 주고 싶었다.

자이델 교수는 캘리포니아 대학에서 스페리의 실험(로저 스페리: 좌우뇌 분할 환자에 대한 실험_1981년 노벨상 수상자이자 신경생물학자)을 계속한 결과, 몇 가지 놀라운 사실을 발견했다. 좌우 두뇌가 서로 많은 교류를 하고 있다는 것이다. 과거에는 이들 두 두뇌는 서로 교류가 없는 것으로 생각했다. 천재들이 그 예시였다. 가령 아인슈타인과 다른 위대한 과학자들은 주로 왼쪽 두뇌 기능만이 뛰어나고, 피카소, 세잔, 모차르트 등 위대한 예술가들은 오른쪽 두뇌 기능이 뛰어난 것으로 이해되어 왔다.

그러나 좀 더 살펴보면 다른 사실을 발견하게 된다. 아인슈타인이 가장 즐겼던 것 중 하나는 공상이었다. 어느 여름날, 언덕에 누워 우주 끝까지 태양 광선을 타고 가는 공상을 하다 깨어난 그는 문득 이 공상을 좀 더 논리적으로 정리하기를 원했고, 이런 그의 생각이 실천으로 옮겨진 것이 상대성 이론이다. 결국, 그는 좌우 두뇌를 교류하는 가운데 놀라운 결과를 얻게 된 것이다.

반면 천재 미술가 피카소의 독특한 표현은 오른쪽 두뇌 기능의 천재성이 발휘된 것으로 생각되어 왔다. 그러나 자세히 살펴보면 그의 그림은 좌측 두뇌의 기능인 수학과 기하학을 가장 적절히 사용했음을 알 수 있다. 피카소도 좌우 두뇌 기능을 조화롭게 사용한 결과 그의 천재성을 드러낸 것이다.

어떤 분야에 재능이 있고, 다른 분야에는 소질이 없다고 말할 때, 사실은 우리의 잠재 능력 중 어떤 분야는 성공적으로 개발되었고, 다른 분야는 아직도 개발되지 못하고 두뇌 깊숙이 잠을 자고 있는 상태란 것을 의미한다. 어떤 방법이든 잘 활용하여 잠자는 두뇌를 깨운다면 역시 성공적인 두뇌 능력 개발을 이룬 사람들의 대열에 들어갈 수 있다. 천재 아닌 천재는 이렇게 탄생하는 것이다.

잠자는 두뇌를 깨워주는 것이 바로 마인드맵이다. 내가 알고 있는 마인드맵 종류는 두 가지다. 하나는 토니 부잔의 손으로 그리는 '마인드맵'이고 또 하나는 정영교 대표께서 평생에 걸쳐 만든 프로그램을 이용하여 만드는 '씽크와이즈 마인드맵'이다. 나는 비니하니가 마인드맵을 배워 천재는 아니더라도 자신이 좋아하고 잘하는 분야에서 두각을 나타낼 수 있도록 도와주고 싶었다. 그 간절함이 통했는지 토니 부잔을 통해 1995년 마인드맵 기술을 배워 24년간 아이들과 성인들을 대상으로 마인드맵을 생각하고 말하고 학습하는 도구로 사용할 수 있도록 체계적으로 교육하는 현상진 강사를 극적으로 만날 수 있었다. 현상진 강사는 우리 부부의 교육 철학과 블로그 속 담겨 있는 아이들의 모습을 보고, 도움이 되어주고 싶다며 아이들을 지도해주기로 했다. 자녀에게 마인드맵을 도구로 장착시켜주기를 원하는 주변 지인들 자녀들 몇 명과 함께 8주간 마인드맵 교육을 받았다. 이후로 아이들은 사고하는 법, 필기, 태도에서 놀라운 변화를 가져왔다.

비니하니 역시 변화를 일으켰다. 비니하니는 예배 시간이나 저자 특강을 갈 때 바인더를 가져가 마인드맵으로 실시간 정리를 했다. 얼마 전, 양재나비 500회를 맞아 《액티비티 비즈니스》 배명숙 대표 저자 특강에 비니를 데리고 갔는데, 비니는 토요일 새벽 6시 비몽사

몽할 시간에 시작된 2시간의 특강을 하나도 빠짐없이 마인드맵으로 정리했다. 게다가 저자 사인회 시간에 비니는 책이 아닌 마인드맵에 사인을 받으려 했다. 그 마인드맵과 비니를 번갈아보며 감동받은 배명숙 대표는 마인드맵에 사인을 해주었다. 급기야 비니는 마인드맵 한 장으로 다음에 개인적으로 꼭 만나자는 약속까지 받아냈다. 그뿐만 아니라 집에서 어떤 프로젝트를 기획할 때 종이부터 꺼내 생각을 브레인스토밍하면서 마인드맵으로 생각 정리를 하는 습관이 생겼다. 그 열매 중 하나가 앞서 소개한 역사 법정 프로젝트와 꿈의 학교 프로젝트다.

이런 경험과 체험 가운데 성취감이 쌓이니 비니하니는 마인드맵을 좋아할 수밖에 없는 선순환 사이클에 쏙 들어갔다. 그런 비니하니를 보면서 나는 마리아 몬테소리 교육의 핵심 가치를 떠올렸다. 미래 인재로 키우기 위해 몬테소리 유치원에 보내는 것이 중요한 것이 아니다. 자녀의 잠재적 재능을 키워줄 수 있는 교육적 가치를 제공함으로써 내면화하고 평생 실천할 수 있도록 해주는 것이 더 중요하다. 나는 마인드맵을 통해 그 진리를 깨달았다.

배명숙 대표와 마인드맵

씽크와이즈로
PQ 지수를 높여라

지금 세계에서는 이상한 일들이 일어나고 있다. 한 예로, 대한민국을 대표하는 현대자동차의 시가 총액은 36조, 그에 반해 우버는 70조에 달한다(2020년 현재 우버의 기업 가치는 1,200억 달러로 현대차의 6배에 달한다고 한다). 현대자동차의 조직 규모는 어마어마하다. 반면 우버는 실제로 자동차를 단 한 대도 생산하지 않는다. 이 말은 자동차를 생산하는 공장이 단 한 개도 없다는 말이기도 하다. 그런데 어떻게 이런 일이 가능할까? 부모 세대가 경험한 지식으로는 도저히 이해가 되지 않는 일이다. 그런데 이와 비슷한 일들이 4차 산업혁명 시대에는 비일비재하게 일어날 것이다. 그런데도 대한민국 많은 부모는 과거 자신의 성공 방정식에 맞춰 아이들을 교육하는 것에 급급한 나머지 시대의 흐름과 패러다임의 변화를 더 민감하게 인지하지 못한다. 그 결과 창의성, 인성, 자기 주도성이 결여된 글로벌 경쟁력을 갖추지 못한 인재(人災)로 키우고 있는 것이 현실이다.

인류 역사는 시대 흐름에 따라 정말 많이 변했다. 그러나 인간 사회 중심에서 변하지 않는 두 가지가 있다. 그것은 바로 행복하고자 하는 마음, 성공하고자 하는 마음이다. 지금과 같은 혁신의 시대에 진정한 행복과 성공을 추구하기 위해서는 패러다임의 변화를 직면하고 이 시대가 진정으로 필요로 하는 협업능력과 자기 주도성, 세계와 통하는 보편적 인성과 지성을 기반으로 하는 통합 능력인 프로젝트 능력이 그 무엇보다 중요하다. 그 프로젝트 능력이란 바로 PQ(Project Quotient)*라는 것이다.

스탠퍼드 D스쿨의 버나드 로스 교수는 세계 최고의 인재들이 가장 중요한 것을 놓치고 있음을 발견하고 그것을 주기 위한 수업을 진행한다. 그 수업의 목표는 예전부터 하고 싶었지만 지금까지 못한 일을 완수하거나 현재 맞닥뜨린 삶의 문제를 한 학기 동안 해결하는 것이다. 실제로 수강생들은 이 수업에 들어와 프로젝트를 세운다. 그런데 그 프로젝트가 좀 황당하다. 세계 최고의 대학에서 최고의 인재들이 강의 시간에 배우는 것이라고 하기엔 유치하기 짝이 없다. 악기 다루기, 아버지와 관계 회복하기, 여행하기, 짝사랑 고백하기 등이다. 학생들은 이런 유치한 목표를 세우고 로스 교수는 학점에 대해 어떤 압박도 주지 않은 채 오로지 학생들이 목표를 성취하도록 돕는 데만 집중한다. 참고로 이 버나드 로스의 강의는 미국 학생들에게 최고 인기 있는 강의이다.

---

* PQ(Project Quotient)라는 단어는 2015년 (주)심테크시스템 정영교 대표가 전 세계 처음으로 정의하고 상표권을 등록한 단어임.

버나드 로스 교수는 이렇게 말한다.

"학점이나 자격증같이 타인이 만든 기준이 아니라 가족관계 회복이나 여행 가기처럼 자기 자신이 진심으로 세운 목표를 이루게 되면서 학생들의 자기 효능감이 급격히 상승했습니다."

자기 효능감이란 스스로 해낼 수 있다는 역량에 대한 믿음으로, 이것이 큰 사람일수록 모든 분야에서 성취력이 높다. 버나드 로스 교수는 이 수업을 통해 인간에게 가장 필요한 '성취 습관'을 일깨워주고 싶었다고 한다. 결국 공부 잘하는 세계 최고 인재들이 행복하고 성공하는 삶을 살기 위해 가장 필요한 것은 프로젝트 능력이라는 사실을 버나드 로스 교수는 알고 있었던 것이다.

이렇게 중요한 프로젝트 능력을 어떻게 키울 수 있을 것인가. 아쉽게도 한국 교육 현실 속에서는 기대하기가 쉽지 않다. 지금도 오로지 입시경쟁에서 우위를 점하기 위해 무조건 많이 암기하고 문제를 많이 맞히는 능력(?)을 키우기에만 급급한 부모는 프로젝트 능력이 뭔지, 그게 왜 중요한지 전혀 모르고 있다.

하지만 오래전부터 시대변화의 흐름을 읽는 통찰력으로 이 프로젝트 능력이 미래 인재의 핵심 역량인 것을 알고 그것을 지속해서 개발하고 발휘할 수 있는 '비주얼 매핑(Visual Mapping)'과 '비주얼 씽킹(Visual Thinking)' 도구를 개발한 사람이 있다. 바로 심테크의 씽크와이즈 정영교 대표이다.

나는 개인적으로 2년 전부터 씽크와이즈 마인드맵이라는 도구를 알게 되면서 PQ 플래닝 전문가 과정 교육을 이수해 사용해오고 있었다. 그런데 최근 정영교 대표께서 내가 하는 교육 사역에 관심을 두고 있어 여러 번 개인적으로 미팅을 가져왔다. 그 시간을 통해 IT 회사의 CEO이지만 다음세대 교육에 누구보다 관심을 두고 있고 대한민국이 2040년 G2에 들 수 있기를 소망하는 분이라는 사실을 알게 되었다. 이런 분이 대한민국 CEO임이 자랑스러웠다. 그리고 여전히 많은 부모가 프로젝트 능력의 필요성을 인지하지 못할 때 그것을 체계적으로 훈련할 수 있는 '씽크와이즈'라는 프로그램을 개발해 선한 영향력을 나누고 있음에 감사했다.

나는, 손 마인드맵으로 잘 훈련된 비니하니가 디지털 정보와 도구를 활용해 사고하고 소통하며 관리하고 학습하는 프로젝트 능력을 키울 수 있도록 씽크와이즈를 장착시켜주고 싶었다. 실제로 올해 6월부터 시작한 '울트라 잉글리시 멘토링 프로젝트'를 통해 비니하니와 함께하는 아이들에게 씽크와이즈 사용법을 차근차근 전수하며 그 중요성을 인지시켜주고 있다. 그 아이들 중 몇 명은 벌써 씽크와이즈 마인드맵 도구를 통해 프로젝트화해서 자기만의 교육 콘텐츠(역사, 어휘력, 영어)를 만들어가고 있다.

아직도 아이들의 행복한 삶과 성공하는 삶을 꿈꾸면서 IQ, EQ에만 집중하는 부모들이 있다면 이제부터라도 PQ 능력을 키워주도록 노력하자. 개인적으로 IT 문화 속에서 자라 스마트기기와 친한 아이들의 프로젝트 능력과 PQ 지수를 높여주기에 씽크와이즈 마인드맵만 한 것이 없다고 생각한다.

할 수만 있다면 대한민국 모든 아이가 씽크와이즈 마인드맵을 소유하고 장난감처럼 다루면서 PQ 지수를 높여갈 수 있도록 해주고 싶다. 그래서 이 귀한 프로그램을 개발한 정영교 대표의 소원대로 2040년에는 대한민국이 꼭 G2에 우뚝 서 있기를 간절히 소망한다.

영상으로 피드백하라

논어에 나오는 말이다.

"잘못하고도 고치지 않는 것, 그것이 바로 잘못이다."
(過而不改, 是謂過矣_과이불개, 시위과의)
"아는 것을 안다고 하고, 모르는 것을 모른다고 하는 것,
이것이 앎이다."
(知之爲知之, 不知爲不知, 是知也_지지위지지, 부지위부지, 시지야)

'메타인지'. 비니하니를 키우면서 가장 중요하게 생각하는 부분이다. 앞서 말한 미래 저널을 기록하면서 늘 'Who am I'를 묻게 하는 이유, 실패 일기를 쓰게 하는 이유는 결국 자기 객관화와 메타인지가 되는 자녀로 키우고 싶어서이다.

아주대 심리학 교수인 김경일 교수는 메타인지에 대해 "자신의 인지적 활동에 대한 지식과 조절을 의미하는 것으로 내가 무엇을 알고 모르는지에 대해 아는 것에서부터 자신이 모르는 부분을 보완하

기 위한 계획과 그 계획의 실행과정을 평가하는 것에 이르는 전반을 의미한다"라고 정의한다.

좀 더 간단히 말하면 '내가 아는지 모르는지를 아는 것', '인지에 대한 인지', '자기 자신을 다시 바라보는 것'이라고 할 수 있겠다. 이 메타인지를 중요하게 생각하는 몇 가지 이유가 있는데, 첫째로 인간 (아이)은 죽을 때까지 무지한 존재이기 때문이다. 성경에 이런 말씀이 있다.

> 아무도 자기를 속이지 말라. 너희 중에 누구든지 이 세상에서 지혜 있는 줄로 생각하거든 미련한 자가 되어라. 그리하여야 지혜로운 자가 되리라. 이 세상 지혜는 하나님께 미련한 것이니 기록된 바 지혜(세상의 지혜) 있는 자들로 하여금 자기 궤휼에 빠지게 하시는 이라 하였고 또 주께서 지혜(세상의 지혜) 있는 자들의 생각을 헛것으로 아신다 하셨느니라. (고전3:18-23)

그래서 메타인지가 되는 자(아이)는 자신의 지식의 한계를 인지하는, 온유하고 겸손한 자가 될 수밖에 없는 것이다.

둘째로 인간(아이)은 항상 잘못(죄)을 저지르는 존재이기 때문이다. 나는 잘못을 저지르는 것도 물론 죄이지만, 자신의 잘못을 인지하지 못하는 그것이야말로 진정한 죄라고 생각한다. 그러한 죄에 빠진 사람은 절망적이다. 예수님께서 "회개하라 천국이 가까이 왔느니라"라고 말씀하셨는데, 메타인지가 되지 못하면 회개 기도조차

할 수 없는 것이다(실제로 많은 크리스천이 회개 기도를 하지 않는다). 회개 기도를 언급하는 이유는 자신의 잘못을 늘 인지하고 고백할 수 있어야 제대로 인성과 영성을 갖춘 인재가 될 수 있기 때문이다.

메타인지와 더불어 또 하나 중요하게 생각하는 개념은 '자기 객관화'이다. 김옥희 교수는 저서 《인간관계론》에서 '자기 객관화'를 이렇게 정의한다.

> 자신을 객체로 알며, 있는 그대로의 자신과 자기가 바라는 자신, 남들이 보는 자신 간의 차이를 이해하는 것을 말한다. 그러므로 다른 사람의 의견에 대해 개방적이어서 다른 사람이 자신을 어떻게 생각하고 있는지에 대한 깊은 이해를 지니게 된다.
>
> ―김옥희, 《인간관계론》

자기 객관화가 되려면 먼저 있는 그대로의 자기 자신을 인식할 수 있어야 한다. 그다음 자기가 바라는 자신을 이해하면서 실제 존재하는 '나'와의 차이를 인식할 수 있어야 한다. 마지막으로 타인이 바라보는 '나'의 모습을 이해하면서 역시 실제로 존재하는 '나'와의 차이를 인식할 수 있어야 한다.

내 자녀가 '내가 모르는 나와 타인도 모르는 나, 나는 알지만 타인은 모르는 나의 영역, 나는 모르지만 타인은 아는 나의 영역, 나도 알고 타인도 아는 나'라는 다양한 자기 프레임을 갖출 수 있다면 탁월한 인격체로 성장할 수 있을 것이다.

사람은 남을 판단하는 것을 본능적으로 잘하는 존재라는 사실, 그래서 '자기 객관화'가 필요하다는 것을 조카들을 보며 느낀 적이 있었다.

어느 날, 일곱 살 하임이가 떼를 쓰며 울고 있는데, 네 살 라임이가 내게 와서 안기며 이런 말을 했다.

"언니, 떼써봐야 소용없~어."

나는 깜짝 놀랐지만 태연한 척하며 라임이도 직면하라는 의미에서 이렇게 이야기했다.

"그렇지? 라임아, 저렇게 떼쓰면 엄마 아빠가 안 이뻐하시지? 라임이가 가서 언니한테 알려줘라."

내 말을 들은 라임이는 언니한테 쪼르르 달려가더니 똑같이 이야기했다.

"언니 떼써봐야 소용 없~다."

나와 아내는 그 모습이 귀여워 웃다가 이런 말을 주고받았다.

"자기는 언니보다 더 떼쓰면서."

라임이처럼, 어린아이들도 본능적으로 남을 아주 잘 판단한다. 그것은 사람의 본성에 가깝다. 누구에게나 하루를 시작해서 마무리할 때까지 자신이 아니라 다른 사람들만 보이기 때문일까? 여하튼 이 본성을 누르기 위해 '자기 객관화'와 '메타인지'가 필요하다. 자아 성찰도 어려운데 자기 객관화라니. 이처럼 심오한 능력을 어떻게 아이들에게 가르쳐줄 것인가 부모는 엄두가 안 날 수도 있다. 그래서 '영상 피드백'을 제안한다.

아무리 좋은 대화법으로 대화해도 메타인지와 자기 객관화가 안 된 상태라면 자녀에게는 때론 억울하고 듣기 싫은 잔소리가 될 수밖에 없을 것이다. 교통사고가 나면 이상하게 가해자는 없다. 모두가 피해자란다. 그런데 그 상황을 한방에 정리하는 방법이 있다. 바로 블랙박스 영상이다. 그 영상 앞에서는 모두가 순간 자기 객관화가 된다. 이처럼 영상 피드백은 강력하다. 그래서 나는 비니하니의 일상을 어릴 때부터 영상으로 촬영하고, 그 영상을 함께 보며 자연스럽게 언어, 습관, 태도에 관해 피드백하는 시간을 가졌다. 그 행위를 가족문화로 정착시켰다.

말로만 훈육하면 대부분 자신의 부족한 부분을 잘 인지하지 못한다. 확실한 증거물(?)인 영상으로 보여주면 아주 적나라한 자기 모습과 직면하게 되면서 아이는 잘못을 인정한다. 그때부터 부모는 수월하게 원하는 방향대로 훈육할 수 있다. 자연스럽게 아이와 함께 영상을 보며 자신의 모습을 직면하게 한 뒤 SER 화법으로 이끌어가면 된다.

비니하니는 한때 축구를 잘한다고 착각한 때가 있었다. 학교에서 나름 잘하는 편이고 친구들에게 인정도 받고 있어서 착각할 만했다. 나는 아무 말도 안 하고 운동장에 데리고 가서 공차는 모습을 촬영했다. 집에 와서 그 영상을 TV로 틀어놓고 슬로우 모션으로 반복 시청하며 꼼꼼하게 지적(?)했다.

"자, 너희들 축구 실력이 어떻다고 생각하냐?"

"와하하. 폼이 너무 웃겨요."

비니하니는 자기 실력을 디테일하게 직면하게 되었고, 아빠의 피드백을 더 이상 잔소리가 아니라 성장시키는 코칭 메시지로 받아들였다. 물론 그 뒤로 실력이 일취월장했다.

나는 아이들 말투 교정에도 영상녹화나 음성녹음을 활용했다. 아이들은 어떤 상황에 직면했을 때 본능적으로 감정적 말투가 나오는데, 그 증거물을 잘 포착(?)해 놨다가 다시 보여주거나 들려주면 효과 만점이다. 너의 말에서 어떤 느낌이 드냐고 물어보면, 아주 쉽게 코칭이 가능해진다.

영상 피드백이 주는 알짜 효과가 또 하나 있다. 바로 영상을 제작하는 부모의 말투, 태도 등도 적나라하게 피드백 된다는 사실이다. 실제 예를 들면, 나는 '자기 객관화'가 잘되는 편이라 아이들을 대할 때 목소리나 표정 관리에 신경을 굉장히 많이 쓰고 있다고 생각했다. 그런데 어느 날 아이들과의 추억을 영상에 담아 집에 와서 편집하는데, 내 모습을 다 지우고 싶을 만큼 민망하고 부끄러웠다. 화면 속에는 인상을 잔뜩 쓰고 아이들에게 화가 난 말투로 대하고 있는 낯선 내가 있었던 것이다. 전혀 화가 난 상태가 아니었음에도 충분히 아이들 입장에서는 무서운 아빠와의 시간이었을 수 있겠다 싶었다.

그러고 보니 종종 아내가 "자기 말투는 화가 난 사람 말투 같아"라고 했는데, 그제야 그 이유를 알 수 있었다. 그리고 그런 말을 들을 때마다 서운해했던 나의 모습을 떠올릴 수 있었다. 화면 속 인상

쓴 나와 마주한 뒤로는 누구보다 아이들과 함께한 영상을 통해 나 자신의 모습을 부지런히 피드백했다. 당연히 말투와 태도는 신경 쓰는 만큼 따뜻해졌고, 아이들과 유대감도 더욱 좋아졌다.

버나드 쇼가 한 말이 생각난다.

"무지보다 위험한 것은 잘못 알고 있는 것이다.
무지보다는 가짜 지식을 경계해야 한다."

아이들이 인성과 영성을 갖춘 인재로 성장하길 원한다면 '영상 피드백'을 활용하기 바란다. 무지(無知)가 지(知)로 바뀌고, 가짜 지식이 진짜 지식으로 바뀔 것이다.

이 글을 쓰면서 곰곰이 생각해보았다.

'우리 집에서 가장 소중한 물건이 무엇일까?'

나 자신을 직면하게 해주는 '거울'이지 않을까 싶었다.

내 자녀가 인성과 영성을 제대로 갖춘 인재로 성장하길 원한다면 부모 먼저 남을 판단하는 '눈'이 되기보다는 거울을 통해 나 자신을 바라보는 '눈'이 되기를 소망한다.

세상이 변해도
변하지 않는 독서의 가치

우리 가족은 남다른 소통과 유대감을 자랑한다. 덕분에 이제 중 3, 중1을 바라보는 사내아이 둘을 키우며 스트레스를 거의 받지 않는 호사(?)를 누리고 있다. 요즘 코로나 19로 긴 방학 모드에 들어간 대부분 가정에서 앓는 소리가 들려온다. 엄마는 엄마대로 자녀는 자녀대로 함께 있는 시간이 많은데 평소 소통이 부족하고 유대감을 충분히 쌓지 못했기에 이보다 괴로운 일이 없단다. 이런 가운데 평소 성적보다 소통, 성적보다 유대감을 강조했던 나의 메시지에 격하게 공감하는 분들이 많아지고 있다.

소통과 유대감을 높일 수 있었던 방법 중 하나는 바로 가족 독서 모임이다. 아이들의 습관 코칭을 위해서 매일 아침 6시에 기상해서 한 시간 반 동안 독서 모임을 하는 프로젝트를 진행했다. 같은 책을 4권 구매해 함께 읽고, 마인드맵으로 보고, 깨닫고, 적용할 점을 정리했다. 이후 각자의 마인드맵을 가지고 발표하고 토론하면 1시간이 훌쩍 지나간다.

각자 바인더를 꺼내 한 주간의 시간 계획을 짜고 각자의 시간을 공유하기도 했다. 이 작업을 하면 가족 모두의 일주일 삶이 자연스럽게 공유되면서 소통을 유연하게 만들고 유대감을 높일 수 있게 된다. 그렇게 정리된 본깨적 마인드맵 노트와 바인더를 들고 인증사진을 촬영한 뒤 부지런히 옷을 갈아입는다. 그리고 가볍게 산책 혹은 운동하는 시간을 30분 정도 가진다. 집에 돌아와 샤워한 뒤 아침밥을 간단히 먹어도 8시가 채 되지 않는다.

이 독서 모임을 통해 비니하니는 자연스럽게 '아침 시간은 3배의 효율을 가진다'라는 생각과 아침형 인간 습관에 대해 긍정적인 마음을 갖게 됐다. 아울러 독서라는 것이 '힘든 일'이 아니라 '즐거운 놀이' 같다는 생각을 하게 되면서 책과도 친해졌다. 실제로 어떤 가정이든 매일 아침 이렇게 독서 모임을 하기는 힘들 것이다. 우리 가족도 지금은 매일 하지는 못한다. 중요한 것은 가족이 소통하고 유대감을 갖기 위해 책이라는 건강한 콘텐츠를 매개체로 삼는 시도가 꼭 필요하다는 사실이다.

〈미라클 가족독서 나비〉

세상은 빠르게 변하고 있다. 또 다양하게 변해간다. 그러나 변하지 않는 한 가지가 있다. 바로 독서의 가치다. 책을 읽는 사람은 성장하고 시대가 필요로 하는 리더가 될 수 있다는 사실이다. "책을 읽는 모든 사람이 위인이 되는 것은 아니다. 하지만 역사적 위인은 모두가 독서가였다"라는 말이 있듯이 세상이 어떻게 바뀌든 우리 아이들에게 필요한 것은 독서이다. '숙제하는 습관'이 아니라 '책 읽는 습관'이다.

어린이에게 책 읽는 것이 중요하다는 사실을 의심하는 부모는 없다. 어릴 때부터 꾸준한 독서습관을 심어주기 위해 애쓰는 부모가 정말 많다. 그래서인지 일 년에 책 한 권조차 읽지 못하는 어른들이 많은 시대이지만 자녀들만큼은 독서왕이다. 우리나라처럼 300권 읽기, 500권 읽기 왕 선발대회가 많은 나라도 없을 것이다. 이 정도면 세계적으로도 책을 많이 읽는 나라여야 하는데, 실상은 그렇지 못하다. 4명 중 3명이 책을 읽지 않는 나라는 OECD 국가 중 대한민국이 유일하다. 왜 이런 이상한 결과가 나타날까?

아이들이 자랄수록 자녀에게 독서를 권하는 부모의 마음이 조금씩 달라지기 때문이다. 어릴 때는 즐겁게 책을 읽도록 하다가도 중학생만 되면 읽는 책이 교과와 직접 연계되어 당장 가시적 효과가 나오기를 바라는 게 부모들이다. 이렇게 달라진 독서는 자발성을 떨어뜨려서 자녀가 책과 멀어지게 만든다. 성인이 되어서는 스스로 독서를 해야겠다고 생각하지 않게 되는 것이다.

책과 자녀와의 친밀감을 유지시키려면 책 읽은 내용을 가지고 토론을 하는 것이 좋다. 토론하는 책 읽기는 그 어떤 사교육보다 탁월한 효과를 가져다준다. 아이들은 토론 준비를 하면서 책을 읽고 느낀 바를 생각하는 훈련이 자연스럽게 된다. 논리적 사고력이 생기고 토대 학습이 되는데, 이때의 토대 학습은 비단 언어영역에 국한되지 않고 다른 과목을 공부하는 데에 심층적 사고의 기반이 된다. 비니 하니가 학원이나 과외 도움 없이 스스로 공부법을 터득한 것은 독서 토론의 힘이 컸다고 생각한다. 더 나아가 우리 가족은 가족 독서 모임 시간에 자연스럽게 하루, 일주일 삶에 대한 나눔을 하면서, 즉 회의를 통해 문제 해결하는 시간을 갖는다. 가족회의를 하면 좋은 점은 다음과 같다.

먼저 자녀에게 소속감을 심어줄 수 있다. '가족의 일원'이라는 생각을 하게 되면서 능동적으로 집안일에 참여하게 된다. 부모 역시 자녀의 의견에 귀를 기울이게 됨으로써 하다못해 산책하러 나가거나 외식을 하더라도 일방적 선택이 아니라 가족 간 조율을 통해 만족과 행복한 시간을 가져올 수 있다.

책임감도 자라난다. 주제를 정해 토론하고 회의하면 아이들의 눈이 반짝반짝한다. 스스로 자신의 문제점을 발견하기도 한다. 이때 부모는 다양한 솔루션들을 제시해주고, 선택은 자녀에게 맡긴다. 선택에 대한 결과는 본인들의 몫이기에 그에 따른 책임감이 상승한다. 책임감을 느낀 자녀는 스스로 교정을 하며, 자기 주도적 행동을 보인다. 이와 같은 일이 반복되면 결국 부모의 잔소리는 줄어들게 되고, 자녀와의 유대감은 더욱 돈독해질 것이다.

어느 가정이든 대부분 자녀의 독서나 학습 관련 문제는 엄마에게 맡기는 경향이 있다. 가족 독서 모임은 학습만을 위한 모임이 아니다. 그 자체가 가족경영이다. 가족경영을 함에 있어 아빠가 빠지면 제대로 된 경영이 이루어질 수 없다. 나는 체인지 센터에서 '명품 가정 만들기 프로젝트'를 진행하는데, 소문 듣고 요청하는 어머니 가운데 아빠는 바빠서 제외해도 되냐고 묻는 분이 간혹 계신다. 나는 예외 없이 이렇게 대답한다.

"아빠가 가장 중요합니다. 가족 모두 참석하는 것이 이 프로젝트의 가장 중요한 룰입니다. 아빠가 변하면 가족 모두가 빠르게 변합니다."

가족경영에서 아빠의 역할은 중요하다. 아빠가 책을 읽으면 가족은 변한다.

《다시 책은 도끼다》의 저자이자 광고인인 박웅현 작가는 이렇게 말한다.

"친구가 되려면 시간이 걸리는 것처럼 책과 친구가 되려면 시간이 걸린다."

자녀를 책과 친구 되게 하려면 시간의 여유를 갖고 가족 독서 모임을 꾸준히 하기 바란다. 반드시 자녀의 삶 속에서 귀한 열매를 거두게 될 것이다. 부모가 책을 읽고 가족 독서 모임을 이끌어가면 그 가족은 명품가족이 되고, 그 자녀는 반드시 명품 자녀가 된다.

위대한 유산,
블로그

내 블로그에 이런 질문을 남긴 적이 있었다.

"왜 어떤 아이는 자라서 간디가 되고 어떤 아이는 히틀러가 될까요? 출생에서 어른이 되기까지 무슨 일이 있었기에 그런 차이가 생기는 걸까요? 이 질문에 저는 간디의 부모와 히틀러의 부모가 먼저 떠오릅니다."

아이가 잘 자라나려면 부모와 자녀 간에 건강하고 강한 유대감이 필요하다. 이 유대감은 아이가 최소한 한 명 이상의 어른과 사랑으로, 지속적인 사랑으로 연결되어 있어야만 생겨난다. 아이가 잘 자라나는 데 도움이 되는 조건에 관한 연구와 결과물은 실로 방대하다. 이들 연구가 한결같이 보여주는 것은 아이의 신체적, 심리적, 감정적, 영적 안녕을 결정짓는 두뇌 발달에 최소한 한 명 이상 어른과의 안정적인 유대감이 결정적인 역할을 한다는 사실이다. 하지만 안타깝게도 대부분의 부모는 이 사실을 제대로 인지하지 못한 채 아이들을 양육하고 있다. 아니, 위탁 양육하고 있다고 표현하는 것이 더 현실적일 수도 있겠다. 지금 부모에게 가장 중요한 일은 자녀와 건강하고 강한 유대를 맺고, 그것을 유지하는 것이다.

자녀 교육에 관해 상담하는 분들에게 가장 강력하게 조언하는 부분이 바로 이 '유대감'이다. 자녀를 탁월한 인재로 키우는 데 수백만 원짜리 과외나 학원, 어학연수보다 부모와의 지속적인 유대감이 훨씬 강력한 힘을 발휘한다. 그런데 생각보다 많은 부모가 유대감을 어떻게 높여야 할지 잘 모른다. 유대감을 높이는 방법은 각 가정마다 상황에 따라 다양하게 시도할 수 있다. 모든 것을 다 다룰 수는 없기에, 그중에서도 가장 효과적인 방법, 일거양득 이상의 효과를 누릴 방법을 하나 소개하겠다. 바로 아빠와 엄마가 블로그를 통해 지속적으로 글을 쓰는 것이다. 왜 글을 쓰는 것이 자녀와의 유대감을 좋게 하는가,라는 질문을 던질 수 있을 것이다. 단순하게 생각해보자.

'매일 누워서 TV나 스마트폰을 보는 부모 vs 블로그를 통해 글을 쓰는 부모'

당신이 자녀라면 어떤 부모를 존경하겠는가? 당연히 블로그를 통해 글을 꾸준히 쓰는 부모를 존경할 것이다. 실제로 비니하니는 아빠가 매일 블로그에 글 쓰는 모습을 꾸준하게 봐왔다. 그러다 어느새 내 블로그 애독자가 되었다. 그 후로 블로그 글 소재로 썼던 책들을 찾아서 읽기 시작했다. 자신의 호기심에 따라 찾아봤기 때문에 목적 읽는 책 읽기가 가능했고, 본깨적 독서를 통해 삶에 적용하는 선순환 프로세스를 가지게 되었다. 가장 중요한 사실은 공유 가능한 요소들이 많아지다 보니, 툭 던지면 탁 받아서 대화 나눌 수 있는 이야깃거리가 많아져 가족 간 수준 있는 대화 시간이 많아졌다는 사실이다.

사실 지속해서 블로그 글을 쓴다는 게 쉽지 않다. 하지만 하게 만드는 시스템을 만들면 사람은 어떻게든 하게 된다. 나도 그 방법을 찾았다. 누구보다 지속력이 약하다는 사실을 스스로 너무 잘 알고 있었기 때문이다. 그러던 중 한 권의 책이 눈에 들어왔다. 바로 MBC 드라마 PD로 유명하지만, 이제는 파워블로거 및 작가로 더 유명한 김민식 PD가 쓴 《매일 아침 써봤니?》라는 책이었다.

나는 책 속에서 눈에 띄는 목차들을 발견할 수 있었다.

1. 수억의 예금 가치가 있는 글쓰기 기술(마인드 시스템 1)

해당 장(章)에서 김민식 PD는 "7억을 예치하면 한 달에 이자로 100만 원을 받지만 7년 정도 축적한 블로그 글 내용으로 강의를 한 번 했더니 100만 원을 받았다"라며, 돈보다 소중한 것은 기술인데 가장 유용한 기술은 글쓰기 기술이라고 책에서 말하고 있었다. 전적으로 공감하는 내용인데, 나는 여기에 추가로 내 생각을 메모했다.

'7억 이상의 자산가가 되게 하는, 자녀에게 7억 예치금 이자 그 이상의 가치를 주는 유산은 바로 글쓰기다! 지금 내가 쓰는 한 편의 글은 자녀에게 돈으로 환산할 수 없는 가치를 주는 엄청난 위대한 유산이 될 것이다.'

그렇게 생각하니 글을 안 쓸 수 없었다. 엄청 피곤한 날에도 어느새 책상에 앉아 아이들에게 남겨줄 유산을 만들며 즐거워하고 있는 나 자신을 보며 놀라기도 했다.

글쓰기를 반드시 해야만 하는 비밀 한 가지를 알려주겠다. 이 글쓰기 투자는 절대 망하지 않는다. 투자 자본금도 필요치 않다. 그냥 쓰면 된다. 이렇게 안전하고 확실한 투자를 안 할 이유가 없지 않은가.

2. 매일같이 쓰는 힘(마인드 시스템 2)

김민식 PD는 '무라카미 하루키'의 하루 루틴을 부연 설명했다. 희망도 절망도 없이 매일 20매씩 꼬박꼬박 쓰면 한 달에 600매, 반년이면 3,600매를 쓰게 된다는 부분에서 나도 도전해 보고 싶다는 마음이 생겼다.

글을 지속해서 못 쓰는 이유는 재능이 없어서가 아니라 잘 쓰지 못한다는 생각에서 오는 두려움 때문이다. 블로그를 쓸 때도, 글 쓰는 재능보다 더 중요한 것은 끈기이다. 일단 100일 동안 매일 한 편의 블로그 글을 써 보자. 그러면 100일 뒤에는 100편의 내 글이 쌓여 있을 것이다. 하루키처럼.

책 속의 이 문장이 무척 인상적이었다.

그렇게 매일의 기록이 쌓이면 비범한 삶을 살지 못해도 비범한 기록이 됩니다.

매일 지속해서 글을 쓰게 되면 비범한 삶을 살 가능성도 높아지는 것이 사실이다. 신기하게도 자신의 삶 속에서, 자녀의 삶 속에서, 가정 안에서 보이지 않던 것들이 하나둘 보이기 시작한다. 이것만으로도 삶은 비범해진다. 내 자신 몸소 체험했다. 전혀 예상하지 못했던 결과였다.

3. 나눌수록 득이 되는 글 나눔(마인드 시스템 3)

이 책을 읽기 전까지만 해도 내가 가진 달란트를 나누려면 직접 상대방을 만나야만 한다는 생각이 많았다. 특별히 자녀 교육에 관해서는 우리 가정에서 겪은 개인적이고 디테일한 부분이 많기에 더더욱 만나야만 된다고 생각했다. 그런데 막상 만나면 그토록 다양한 체험과 경험을 했음에도 불구하고 당시에 모든 것이 다 떠오르지도 않을뿐더러 시간 대비 효율이 떨어지고 시간과 공간의 제약도 엄청 많다는 사실을 느꼈다. 상담 횟수가 많아질수록 더 절실히 느꼈다.

그러던 중에 이 책을 읽고 나는 유레카를 외칠 수 있었다. 블로그를 반드시 써야만 하는 이유를 또 하나 찾게 된 것이다. 내가 경험한 자녀 교육 관련 일상을 블로그에 놓치지 않고 기록해놓으면 자녀 교육에 대해 목말라하는 부모들이 언제 어디서나 찾아보고 참고할 수 있겠다는 생각에 이른 것이다. 나는 부모들과 나누기 위해서라도 글을 열심히 쓰기 시작했다. 매일 글쓰기에 대한 환경설정과 동기부여가 필요했는데 딱 알맞은 처방을 받은 것이다.

나는 블로그 카테고리 '필사(筆寫) 필사(必思)'를 만들었다. 필사적으로 필사하자는 뜻으로 만든 이곳에서 100일 매일 글쓰기 프로젝트를 실시한다고 지인들에게 선포했다. 이때까지만 해도 이웃 수 100명, 하루 방문객 10명도 채 안 되는 블로그였다. 그런데 블로그 글이 매일매일 축적되면서 이웃 수가 하나둘 늘어나더니, 100일 프로젝트가 끝날 무렵 370명의 진짜 이웃들이 생겼다. 그뿐 아니라 내 개인적인 일을 하는 상황에서도 내가 쓴 글이 나 없이 누군가를 만나 자녀 교육에 도움을 주고 있는 것을 목격하기도 했다. 각지에서 피드백이 날아왔다. 부산과 군산에서, 어느 날은 경산에서, 서울, 용인, 인천, 대전 할 것 없이 글을 읽고 도움이 되었다는 피드백이 올 때마다 신기하고 감사했다. 왜 진작 글을 쓰지 못했을까 하는 아쉬움마저 들기도 했다.

여전히 글 쓰는 게 어렵다. 다른 파워블로거와는 다르게 글 개수도 적다(이제 겨우 250개). 이웃도 자녀 교육에 관심 있는 분들이 요청할 때만 맺기에 폭발적으로 증가하지 않았다(그런데도 이웃 수가 어느새 1,500명이나 되었다). 그래도 귀한 것을 얻었다. 자녀 교육과 부모 교육에 관한 글을 지속해서 쓰면서 나 자신의 존재감과 비니하니와의 유대감이 더욱 탄탄해졌다. 이것만큼 값진 것이 또 어디 있겠는가.

어느 날 호기심이 생겼다. 블로그에 기록된 자료를 일목요연하게 보기 쉽게 서브 바인더로 만들면 좋겠다고 생각했다. 분량이 얼마나 되는지도 궁금했다. 비니하니와 날을 잡아 출력해서 서브 바인더로 제작했다. 이렇게 작업을 하니 자녀 교육에 관련한 책 4권과 추억 앨범이 뚝딱 만들어졌다. 다 완성된 서브 바인더를 천천히 살펴보았다. 자연스럽게 자녀 교육에 관련된 책 한 권을 읽는 느낌이 들었다. 꾸준히 한 편의 글을 썼을 뿐인데, 모아놓으니 1,500페이지가 넘는 분량의 책 한 권이 만들어졌다는 사실이 믿기지 않았다. 이것을 〈비니하니 자녀 교육의 서브 바인더〉라고 쓰고 '위대한 유산'이라고 읽고 싶었다. 비니하니도 그렇게 만들어진 서브 바인더를 보고 신기해했고, 아빠를 자랑스러워했다. 이후 비니하니의 바인더 꿈 리스트에

위대한 유산 바인더

꿈 하나가 더해졌다. 10년 후까지 제대로 된 100개의 서브 바인더를 만드는 것이다. 그 꿈 리스트를 보고 나는 역시 최고의 자녀 교육은 그림자 교육이라는 것을 새삼 확인했다.

우리 부부는 아이들에게 물려줄 건물이나 땅, 돈과 같은 재산이 없다. 하지만 세상에서 가장 위대한 유산을 물려줄 준비를 부지런히 하고 있다. 자녀에게 위대한 유산을 물려주고 싶다면 지금부터라도 글쓰기를 시작하기를 강력하게 추천한다. 매일은 못쓰더라도 스스로 동기부여 해서라도 지속적 글쓰기를 한다면 분명 자녀에게 위대한 유산을 물려줄 수 있을 것이다. 그렇게 글을 쓰다 보면 자녀와의 유대감은 저절로 세워질 것이고, 아이들의 인성까지 훌륭하게 다듬어질 것이다.

〈위대한 유산 블로그〉

골든타임은
밥상머리에서부터

"유대인이 없었다면 현대 문명도 존재하지 않았을 것"이라는 어느 학자의 말처럼 세계를 지배하는 글로벌 기업을 세운 CEO, 노벨상 수상자 대부분이 유대인이라는 사실이 널리 알려지면서 최근 유대인 자녀 교육법이 주목받고 있다. 교육열이라면 그 어디에도 뒤지지 않는 한국 부모는 좋다고 하는 유대인 교육법은 다 접목해서 시키고 있다. 덕분에 짝 토론법으로 알려진 '하브루타' 교육 시장이 커지고 있다. 하지만 유독 접목하지 못하는 것이 하나 있다. 바로 '가정의 중요성'이다. 그 가운데서도 '밥상머리 교육'은 유대인 가정과의 격차를 좀처럼 줄이지 못하고 있다. 실상 점점 바빠지는 맞벌이 환경 속에서 격차가 벌어지고 있다고 해도 과언이 아니다.

우리가 익히 알고 있는 던킨도너츠, 하겐다즈, 배스킨라빈스 31 아이스크림 등 세계적인 디저트 브랜드를 만든 사람은 모두 유대인이다. 이런 글로벌 브랜드를 만들 수 있었던 이유 중 하나는 밥상머리 교육을 중요시했던 유대인들만의 독특한 문화 덕분이다. 그만큼 유대인들은 밥상머리에서 가족과 대화를 나누는 것을 소중하게 여긴다. 웬만한 유대인 가족은 저녁에 가족과 함께 식사하는 것을 원칙으로 삼는다. 그러다 보니 더 많은 대화 시간을 확보하기 위해 식후 디저트 타임을 필수로 가지게 되었고, 그 지혜가 모여 글로벌 디저트 브랜드를 탄생시킨 것이다.

예전에는 단순히 식사예절을 잘 지키는 것이 한국의 밥상머리 교육의 전부라고 여겼다. 실제로 나도 어릴 적부터 아버지께 엄하게 밥상머리 교육을 받았기에 비니하니에게 그대로 전수했다. 하지만 그것이 자녀와의 유대감 형성에 결코 좋은 방법이 아니라는 사실을 일찌감치 깨달았다. 우리 부부가 비니하니와의 유대감을 위해 가장 노력한 것 중 하나가 바로 '밥상머리에서 함께하는 시간'이다.

유대인들은 실제로 금요일 오후부터 토요일까지 가족과 함께하는 시간에 최고 우선순위를 둔다. 그들이 이처럼 가족과 함께하는 시간에 가치를 두는 이유는 '성공의 기준'이 '가족의 행복'을 전제로 하고 있기 때문이다. 이와 같은 그들의 생각, 그들의 오랜 전통에 전적으로 동의했기에 우리 가족도 오래전부터 함께하는 시간, 특별히 함께 식사하는 시간을 가장 소중히 생각했다. 지금까지도 밥상머리에서 예절과 습관 교육을 꾸준히 하며 소통하고 있다. 언젠가는 대화하던 중 교회에서 간식 먹은 이야기가 나왔다. 그래서 질문을 던졌다.

"맛있게 먹었겠구나. 그런데 치킨을 먹을 때 너희들은 어떻게 행동하니?"

"우선 목사님과 선생님 드실 수 있도록 챙겨드리고 먹어요."

"그래, 잘했구나. 친구들은 어떻게 반응하니?"

"대부분 자기가 먹고 싶은 대로 먹어요."

"대부분 닭다리 조각 집어먹겠구나."

"네, 맞아요. 어떤 아이는 닭다리만 여러 개 먹기도 해요."

"치킨은 다리가 두 개뿐인데, 너희들은 어떤 조각을 집어먹니?"

"저는 어른들 계시면 다리를 집어 먼저 드리고요, 친구들끼리 있을 때도 닭다리는 될 수 있으면 양보해요."

"멋지구나. 너희도 맛있는 부위 먹고 싶을 거야. 그런데 관점을 살짝 바꾸면 그 자리에서 닭다리 한 개 먹는 것보다 훨씬 더 많은 유익이 내게 찾아온다는 걸 생각할 수 있지. 사회에서는 짧은 시간에 상대방을 파악하기 위해 식사 자리를 일부러 갖기도 해. 식사예절을 보면 그 사람이 어떤 사람인지 금방 파악할 수 있기 때문이야. 마시멜로 테스트 알지? 너희들이 어떤 식사 자리에서도 자신의 욕구를 절제하고 배려한다면 항상 마시멜로 테스트를 멋지게 통과한 사람이라는 것을 연결지어 생각하렴. 서번트 리더는 치킨 닭다리 앞에서 완성된다."

"하하하, 네에!"

교회 간식이 서번트 리더십으로 연결되면서 자연스럽게 비니하니의 인성 교육이 이뤄지는 순간이었다. 물론 밥상머리 대화 가운데 재미 요소는 기본이다. 또한 아빠라면 목소리도 신경 써야 한다. 아빠의 저음 목소리는 무게감을 더해 대화의 부담감을 줄 수 있기 때문이다.

우리 가족은 밥상머리 대화에서 일반 삶의 문제에서부터 역사 지식, 인간관계, 습관, 사회 문제에 이르기까지 폭넓게 다룬다. 비니하니가 어려서부터 이런 시간을 갖다 보니 우리 가족의 문화로 자리 잡았다. 무게감이 있는 주제도 항상 유머를 섞어 대화하기에 아이들은 식사 시간을 개그 프로 보는 것처럼 재미있어하고, 실제로 밥상머리 앞에서 가장 많이 웃는다.

한국 부모는 밥상머리에서 대부분 공부나 성적에 대해 지적하는 말만 한다. 밥상머리에 가족 모두가 모이기도 힘든데, 모처럼 생긴 기회를 허무하게 날려버리는 일이 많다. 평소 소통하지 못하고 대화할 기회를 좀처럼 얻지 못하기에 모처럼 얻은 기회라고 생각해서 오버하기 때문인 듯하다. 안 그래도 공부 때문에 스트레스 받는 자녀들은 식사 시간에 더욱 스트레스를 받을 것이 뻔하다. 그것이 반복되면 자녀들은 머리가 커질수록 대화를 거부하고, 함께 식사하는 시간 자체를 불편하게 여긴다. 결국 가정에는 불통만 쌓인다.

전성수 교수는 하브루타를 "당연한 것들에서 새로운 진실을 찾아가는 과정"이라고 정의한다. 우리 부부는 이를 열심히 실천하고 있다. 비니하니가 마주하는 당연한 일상이 주제가 될 수 있도록 대화하는 것이다. TV나 영화를 볼 때면 항상 같이 보며 질문하고, 산책하면서, 횡단보도 앞에 서서, 이동하는 차 안에서 당연한 일상이 당연한 일상으로 끝나지 않도록 끊임없이 대화하고 토론한다. 하브루타 학원은 다니지 않았지만, 언제 어디서든 어떤 주제로든 우리 가족은 하브루타가 가능하다. 이런 일상이 가능하게 된 배경에는 밥상머리 시간을 소중히 여긴 우리 가족의 노력이 있다. 비니하니의 인성, 호기심, 창의력 그리고 소통과 유대감은 밥상머리에서 꾸준히 다듬어져 왔다.

행복한 가정은 밥상머리에서 완성된다. 자녀의 탁월한 인성과 지성을 원한다면 밥상머리에서의 시간을 골든타임으로 여겨보자. 가족과의 시간이 황금같이 귀한 '골든타임'으로 바뀔 것이다.

성공의 열쇠, 가족

"성공은 행복의 열쇠가 아니다. 그러나 행복은 성공의 열쇠이다."

슈바이처가 한 말이다. 누구나 한 번쯤은 들었을 법한 이 말에 공감하지 않는 부모 없다. 하지만 실제는 철저하게 행복을 얻기 위해 성공 지향적 삶을 살아가고 있다. 성공하면 행복도 따라오니 학창 시절 꾹 참고 열심히 공부하란다. 그런 열심을 뒷바라지하기 위해 부모는 더 열심히 맞벌이한다. 아이들은 중3만 되면 갑자기 바빠진다. 학원에서 주입식 공부하느라 시간이 모자란다. 부모도 돈 버느라 바쁘다. 그러다 보니 서로 얼굴 마주하기도 어렵다. 어릴 때 해맑게 웃던 아이의 미소는 온데간데없고, 어깨와 입꼬리가 축 처진 채 건들면 탁 터질 것같이 스트레스 가득 찬 모습뿐이다. 성공을 위해, 행복한 삶을 위해 한 걸음 한 걸음 걸어가는 그들의 모습은 위태롭기까지 하다. 과연 저렇게 살면 성공할 수 있을까? 행복할 수 있을까?

행복의 시작과 끝은 가정에 있다고 생각한다. 대한민국 많은 부모가 유대인 교육법을 배우고 적용하기 원하는 이유는 유대인의 자녀들이 행복과 성공이라는 두 마리 토끼를 잡은 듯 보이기 때문일 것이다. 그런데 '하브루타'에만 관심을 보인다. 학원에 보내 하브루타를 배우면 뇌가 고루 발달하고 똑똑해진다고 생각한다. 내가 속해 있는 여러 개의 SNS 커뮤니티에서도 하브루타에 관한 정보가 올라오면 반응이 뜨겁다. 유대인 교육법에 관련된 많은 책을 살펴봤지만, 정작 유대인 부모는 행복과 성공을 위해 가정을 가장 최우선으로 하고 있었다. 그들은 권위, 질서, 사랑, 지혜, 인성, 경제, 건강 등 인간이 인간답게 사는 데 필요한 모든 것을 부모가 가정에서 철저하게 교육하고 있었다. 건강한 가치관과 세계관 형성의 원천이 가정이다. 그런 면에서 볼 때 유대인 부모는 성경적이고 지혜롭다는 사실을 알 수 있었다.

전성수 교수가 말한 것처럼 인간의 삶은 '관계' 그 이상도 이하도 아니다. 부모와 자녀 사이는 모든 인간관계 중 기본적인 관계이다. 나 역시, 가정이라는 작은 사회에서의 관계와 삶이 건강하고 행복한 아이라면 보다 넓은 사회에서도 건강하고 행복한 삶을 살 수 있을 거라 확신했다. 유대인 가정이 가정의 역할을 다하기 위해 하브루타를 생활화하듯 가정의 역할을 다하기 위해서는 온 가족이 함께하는 시간이 많아야 한다고 생각했다. 그래서 비니하니가 어릴 때부터 대화를 통해 가정의 소중함과 우선순위에 대해 교육해왔다. 아울러 건강한 가정, 화목한 가정을 이루기 위해서는 서로 노력해야 하며, 자립하기 전까지 최대한 가족이 함께하는 시간을 가지는 대한민국 1% 명품 가정이 되자고 피력했다. 그런 노력 중 세 가지만 소개한다.

1. **집 안에서든 밖에서든 가족이 함께 식사하는 것에 최우선순위를 둘 것**
2. **문은 일종의 담이기에 집 안에서만큼은 가족 간에 담을 쌓지 않도록 최대한 방문을 닫지 않을 것**
3. **가족여행의 기회가 있을 때 기쁜 마음으로 함께하는 그 시간을 누릴 것**

감사하게도 우리 가족 모두에게는 이것 이외에도 가능한 많은 시간 최대한 함께하는 것이 가족 문화로 자리 잡았다. 내 머릿속은 온통 '가족이 함께'라는 그림으로 가득하다. 아이들의 정서력 향상을 위해 매일 아침 찬양곡이나 클래식을 들려주며 잠자리를 깨운다. 매일 어떤 분야든 상관없이 질문하고 토론하기를 습관처럼 한다. 그러다 보니 이제 비니하니 입에서는 별의별 내용을 연관 지은 생각지도 못한 질문이 툭툭 튀어나온다. 이렇게 질문하는 아이가 되면 경청 훈련이 잘되기 때문에 인성 교육에도 매우 효과적이다. 가족이 함께하는 삶을 살면서 자연스럽게 체득하게 됐다.

미래는 통섭형 인재의 시대다. 최대한 관심 분야를 넓혀주는 것은 가정에 달려 있다. "한 나라의 과거를 보려면 박물관에, 현재를 보려면 시장에, 미래를 보려면 도서관에 가라"는 말이 있듯이 우리 가족은 실제로 박물관, 시장, 도서관에 함께 간다. 세계 최고 인재들이 가장 중요하게 여기는 '인간관계 능력'도 가족이 함께하는 것을 통해 배운다. 우리 부부가 만나는 다양한 사람들과 만남의 자리, 교육의 자리에 웬만하면 비니하니도 함께한다. 덕분에 차별 없이 폭넓은 인간관계 맺는 기술을 자연스럽게 체득한다. 비니하니의 황금 인맥의 비밀이 여기에 있다.

홈스쿨링을 하는 비니하니는 '가정'이 최고의 학교라고 생각한다. '학교(School)'의 어원은 그리스어로 '스콜레(scole)'이다. 스콜레는 '교양을 쌓는 것', '여가를 즐기는 것' 등을 뜻한다. 실제로 비니하니는 가정이라는 최고의 학교에서 최고의 멘토인 부모와 여가를 즐기면서 교양을 쌓고 견문을 넓혀가는 즐거운 공부를 하고 있다고 생각한다. 내가 봐도 감사가 넘치고 행복해 보인다. 아이들이 점점 커갈수록 가정에 최우선순위를 두기 잘했다는 생각이 든다.

명품 가정을 이루고 싶다면, 명품 자녀로 키우고 싶다면 네 가지를 기억하자.

1. 가정을 대하는 부모 태도가 바뀌면 자녀 인생이 바뀐다.

2. 아이는 부모가 보여주는 세계만큼 자란다.

3. 하브루타 하지 말고 최대한 가족이 함께하라.

4. 부모가 명품 가정 디자이너가 돼라.

미래를 살리는 원 워드

비니하니를 데리고 1년에 몇 번은 배스킨라빈스 31에 간다. 그곳에 가면 비니하니는 쉽게 결정을 못 한다. 눈앞에 너무 많은 종류의 아이스크림들이 진열되어 있기 때문이다. 그런데 버거킹이나 맥도날드에서 아이스크림을 고를 때면 선택하는 데 5초도 안 걸린다. 많아 봐야 2가지 종류라 선택이 쉽고 단순하기 때문이다. 배스킨라빈스 31처럼, 우리는 과도하게 많은 선택의 상황, 즉 '넘치는' 시대에 살고 있다. 그래서 하고 싶은 것, 갖고 싶은 것들이 너무 많다. 그러다 보니 정작 하고 싶은 것을 하지 못하고, 갖고 싶은 것을 갖지 못하는 일들이 빈번하게 일어나고 있다. 이런 현상을 심리학적으로 햄릿 증후군(과도하게 많은 선택의 상황 속에서 이도 저도 결정하지 못하는 소비자들의 심리), 좀 더 쉬운 말로 하면 '결정 장애'라고 한다. 나 역시 살면서 이와 같은 경험을 많이 했다. 그러나 나이가 들어감에 따라 여러 번의 실패의 경험이 교훈이 되어 '선택과 집중'이 왜 중요한지 알게 되었고, 조금씩 실수를 줄여나가고 있다.

게리 켈러의 《원 씽》이란 책에서는 도미노 효과를 소개한다. 한 개의 도미노는 뒤에 세워진 도미노가 1.5배 크더라도 넘어뜨릴 수 있다고 한다. 이 힘은 '기하급수의 원리'에 의해 갈수록 증폭된다. 즉 맨 앞의 작은 도미노에서 시작된 작은 힘이 도미노가 넘어질수록 커지면서 에베레스트산보다도 높은 마지막 도미노를 넘어뜨릴 수 있다는 것이다.

남다른 성과를 만들어내고 위대한 성공을 이루는 것은 이 도미노 효과와 같다. 실제로 위대한 성공을 거둔 수많은 사람은 이 도미노 효과를 잘 알고 있다. 그들은 매일 우선순위를 정하고 자신의 삶에서 도미노 효과를 얻을 수 있는 첫 번째 도미노를 찾기 위해 노력한다. '선택과 집중'에 힘쓰는 것이다. 마침내 그 첫 번째 도미노를 찾으면 그것을 쓰러뜨리기 위해 끊임없이 도전하고 노력한다. 그런 과정 중에 첫 번째 도미노를 쓰러뜨리는 데 성공하면 그다음의 성공은 더 쉽게 이룰 수 있다. 첫 번째의 아주 작은 성공에서 얻은 성공의 경험을 계속해서 더 큰 성공의 경험으로 만들어나가면서 그 자신도 생각하지 못했던 위대한 성공을 이룰 수 있게 되는 것이다.

나는 그 첫 번째 도미노가 무엇일까를 다시 고민했다. 그러던 중 《원 워드》라는 새로운 책을 통해 그 첫 번째 도미노 조각을 찾을 수 있었다. 《원 워드》의 저자는 이렇게 말한다.

누구나 새해만 되면 매번 결심한다. 결심하면 좋은 결과를 얻으리라 기대하지만 무모한 목표를 설정하여 시작부터 어긋나게 된다. 왜 좋은 결과를 가지지 못할까? 많은 사람이 이룰 수 있는 목표를 세우지 않고 지키지 못할 목표를 요란하게 세우고 기록하기 때문이다. 이루지 못할 수많은 목표를 적는 대신 '자신만의 단어'를 찾아라. 목표도 아니고, 결심도 아니다. 그냥 '원 워드(One Word)'이다. '원 워드(One Word)에 초점을 맞추는 삶'은 힘든 상황을 뚫고 앞으로 나아갈 힘이 되며 단순하며 강력하다! 그리고 '원 워드(One Word)'는 강력한 관계를 만든다. 가족과 공유한 '원 워드(One Word)'는 사랑 넘치는 '응원팀'을 만들어준다.

'원 워드'가 얼마나 강력한 변화를 줄 수 있는지 그림이 그려졌다. 그 '원 워드'가 인생의 첫 번째 도미노 조각이 될 수 있다는 생각에 당장 나부터, 우리 가족부터 적용하고 싶었다. 바로 실행했다.

2018년 12월 마지막 날, 우리 가족은 한자리에 모여 2시간 동안 자신만의 원 워드를 찾는 시간을 가졌다. 우리 가족이 처음 찾은 원 워드는 다음과 같다.

'추진력, 긍정, GRIT, 감사'

책에서 말한 대로 특별한 비법은 없었다. 한 해 동안 삶의 모든 것에 적용하고 실천할 한 단어를 찾고 적용했다. 그것이 전부였다. 그런데 가족 모두의 삶 속에 놀라운 변화와 열매를 거둘 수 있었다. 그 뒤로 매년 우리 가족은 12월 마지막 날이 되면 한 해를 돌아보며 다음 해를 제대로 맞이할 수 있는 '원 워드 찾는 시간'을 반드시 가졌다.

아이들의 삶은 생각보다 단순하지 않다. 그들의 삶은 크고 작은 수많은 문제로 뒤덮여 있다. 더구나 4차 산업혁명 시대에는 불확실성으로 인해 더욱 복잡해질 것이다. 하지만 우선순위를 세우고 줄을 맞춰 잘 세운다면 최초의 단 하나의 도미노, 그것을 제대로 움직임으로써 다른 문제들을 저절로 쓰러뜨릴 수 있다.

원 워드

그래서 아이들에게 필요한 것은 지금 '내가 할 수 있는 단 하나의 일'을 찾을 수 있도록 도와주는 것이다. 그 일을 찾게 되면 1.5배의 도미노가 연쇄적으로 쓰러지듯이 다른 일은 할 필요가 없거나 쉽게 할 수 있게 될 것이다.

그 일을 찾지 못하게 되면 마음에 기준이 너무 많아져서 오히려 방향을 잃고 윤형방황(輪形彷徨) 하는 삶을 살게 될 것이다. 삶의 기준은 하나면 된다. 북극성을 찾았다면 거기에 집중하고 전력을 다해야 한다.

비니하니는 아침마다 벽에 걸린 자신의 원 워드를 보며 매일 자신의 삶과 연결해 집중하고 즐거워한다. 제대로 성장하는 자녀로 키우고 싶다면 아이 인생의 첫 번째 도미노(나만의 원 워드)를 찾는 것을 도와주는 부모가 되자. 그리고 그 첫 번째 도미노를 쓰러뜨릴 수 있도록 멘토링해주자. 그러면 아이들은 점점 좋은 '습관'을 만들어 갈 것이다(그 과정은 원 워드 책에 자세히 나와 있다).

이 세상에는 수백 가지의 일을 해내고도 어느 하나도 인정받지 못하는 사람이 있는가 하면, 평생을 단 하나에 집중해서 사람들의 뇌리에 깊은 인상을 남기는 사람도 있다. 성공은 어렵지 않다. 마음을 잘 다스려서 한 가지 목표에 집중하면 된다. 한 가지에만 집중하여 제대로 해내면 된다. 미래 사회에는 그런 인재만 살아남게 될 것이다.

교육의 본질
그리고 가정

교육의 본질이 무엇일까? 교육의 본질은 인간을 더욱 인간답게 하기 위함이라고 생각한다. 내가 누구이며, 나는 왜 사는지, 나는 무엇을 위해 살아야 하는지를 끊임없이 질문하며 그 답을 찾아 삶으로 살아내도록 돕는 것이 교육의 본질이라고 생각한다. 또한, 우리가 공부하는 본질적인 이유는 '지식'을 쌓기 위함이 아니다. '자기 자신의 내면의 힘을 조절할 줄 아는 능력'과 '조화를 이루는 능력'을 갖춰 자신을 사랑하고, 자신을 사랑하는 것만큼 이웃을 사랑하는 실천적 삶을 살기 위함일 것이다. 그런데 현실은 전혀 그렇지 않다. 아직도 많은 부모가 입시 위주의 공부를 시키며 자녀의 과목별 점수에 목숨을 걸고, 명문고와 일류대의 간판을 얻기 위해 고군분투한다. 그 싸움은 결국 자녀를 개인적이고 이기적인, 다음세대(Next Generation)가 아닌 다른 세대(Different Generation)로 만들어간다.

코로나 19사태처럼 우리 아이들이 살아갈 세상은 정답이 없는 세상이다. 삶의 상황들은 이처럼 우리에게 너무나 일방적으로 주어지지만, 그 상황에 대한 프레임은 철저하게 우리 자신이 선택해야 할 몫이다. 그것이 무엇보다 중요하다는 사실을 자녀를 교육하는 부모들이 잘 모르는 것 같다. 그래서 나는 늘 비니하니에게 사실 너머에 진실을, 진실 너머에 진리가 있음을 보는 눈을 가지라고 교훈한다.

《프레임》이라는 책을 쓴 최인철 서울대 교수는 이렇게 말한다.

"최선의 프레임을 선택하고 결정하는 것은 우리에게 주어진 인격성의 최후 보루이자 도덕적 의무이다."

사실 너머 진실을 보는 눈, 최선의 프레임을 선택하고 결정하는 이런 능력이 왜 중요한가? 그 사람의 인성을 완성하기 때문이다. 5차원 전면교육을 완성한 원동연 박사는 미래학자들이 연구한 미래 인적 자원의 속성을 다음과 같이 정리했다.

"타문화를 적극적으로 배우려는 수용적 인간, 창조적 인간, 융합적 인간, 개방적이고 혁신적 인간, 통합적 인간, 문화적 인간, 건강한 인간 등이다. 아울러 나무가 아닌 숲을 보고, 직관적이고, 예술적이고, 자기감정을 제어하고, 상상과 공상을 만들어낼 수 있는 우뇌의 역할을 강화한 전뇌적 인간이다."

원동연 박사는 미래 인적 자원이 갖추어야 할 덕목으로 열정, 도전, 정신, 지혜, 영성, 소통, 정의, 공헌 등을 언급한다. 또 융합적 인간이 되기 위해서는 지혜, 창의성, 글로벌 의식, 과학자 간의 커뮤니케이션 능력이 필수 요건이라고 지적한다. 더구나 글로벌 정보 공유 시대에 있어서 사생활 침해, 감시, 통제의 문제점을 제어할 수 있는 바른 인성을 갖춘 인재 확보가 절실하다고 한다.

이를 종합하면 미래의 인재상은 대략 5가지의 속성으로 요약될 수 있다.

1. 창조적 지성이 필요하다.

2. 바른 세계관을 가진 사람이 필요하다.

3. 전면적 인성이 필요하다.

4. 융합적 능력이 필요하다.

5. 글로벌 의식이 필요하다.

이것을 토대로 완성한 5차원 전면교육은 5가지 요소로 이루어져 있다.

1. 지력: 참과 거짓을 구별할 수 있는 지식의 힘

2. 심력: 진리를 내면화할 수 있는 마음의 힘

3. 체력: 진리를 실천할 수 있는 몸의 힘

4. 자기관리력: 에너지를 바르게 분포시키는 힘

5. 인간관계력: 남을 섬기는 힘

이 5가지 요소를 통해 인식의 틀을 바르게 정립하며, 내적 수용성을 향상시키고, 탁월성을 발휘할 수 있게 된다. 즉 5차원 전면교육 과정을 통해 제대로 교육받은 아이들은 이 시대가 요구하는 창조적 지성, 바른 세계관, 전면적 인성, 융합적 능력, 글로벌 의식을 가진 인재가 되는 것이다.

원동연 박사가 체계화시킨 다양한 커리큘럼을 통해 교육할 수 있다면 더할 나위 없이 좋겠지만, 집에서도 충분히 아빠 엄마가 지력, 심력, 체력, 자기관리력, 인간관계력을 길러줄 수 있다고 생각한다. 아니, 부모가 반드시 지도해야 한다. 부모가 빠진 교육은 교육이 아니기 때문이다. 기억하자. 교육은 가정에서부터 시작되는 것이다.

프레임을 리프레임하라

아이들을 키우다 보면 정말 사소한 문제로 말다툼하는 경우가 있다(비단 아이들뿐 아니라 부모의 부부싸움 원인도 같다). 비니하니를 보는 분들이 제일 많이 하는 질문 중 하나가 "비니하니는 안 싸우죠?"이다. 과연 그럴까? 정말 비니하니가 안 싸운다면 대한민국 인간문화재로 지정해야 할 것이다. 비니하니도 하나의 인격체이고 어린이인데 안 싸울 리가 없다. 다만 다른 점이 있다면 싸우면서 많은 것을 배우고, 배운 것을 적용하려고 노력한다는 점이다. 아이들이 싸울 때 객관적으로 바라보면 문제의 원인과 해결책이 보인다(대개 아주 단순한 문제로부터 시작되기에). 서로 간 갈등의 궁극적 해결책은 바로 '자기 직면'에 있다. 그런데 아이들에게 '자기 직면'에 관한 이야기를 하면, 평소 유대감을 좋게 형성하지 못한 상황이라면, 귀찮은 잔소리로 듣고, 전혀 깨닫지도 못하게 된다. 그런 아이들을 어떻게 교육해야 할지 막막한 분들에게 다음 내용이 좋은 팁이 될 것이다.

어느 날 저녁 비니하니와 게임을 했다. 비니하니에게 이 게임을 하고 나면 멋진 인생을 살 수 있게 된다고 간단히 호기심을 자극하며 '인생 게임'이라고 했다. 게임의 내용은 다음과 같다.

1. 우리 가족이 아침저녁으로 자주 듣는 익숙한 노래(CCM) 몇 곡을 선정한 뒤, 한 사람이 그 음악을 이어폰으로 듣는다.
2. 다른 형제에게 그 음악을 최대한 잘 알려줄 수 있도록 멜로디를 손가락으로 터치하며 표현한다.
3. 그 멜로디의 리듬감을 피부로, 소리로 접한 뒤 그 노래가 어떤 노래인지 맞힌다.

〈리프레임 인생 게임〉

비니하니는 이 게임을 시작할 때 '이게 왜 인생 게임일까'라는 호기심과 의문을 품고 게임에 임했다. 이 게임을 통해서 알려주고 싶었던 것은 바로 '프레임'이었다. 최인철 교수의 말처럼 사람은 누구나 '프레임'을 가지고 있다. 그래서 우리는 세상을 있는 그대로 객관적으로 보고 있다고 생각하고, 그렇기 때문에 자기가 옳다고 생각한다. 하지만 사실은 프레임을 통해 채색되고 왜곡된 세상을 경험하고 있는 것이다. 나는 이 놀라운 사실을 게임을 통해 직접 느끼고 체험할 수 있도록 해주고 싶었다. 이 게임을 해보면서 어떤 느낌이 들었 는지 물어봤더니, 비니하니는 이렇게 대답했다.

"내가 알고 있고, 평소에 같이 들었던 곡이라 형도 당연히 맞힐 수 있을 것 같았는데, 어려워하는 것을 보고 깜짝 놀랐어요."

"동생은 못 맞혀도 나는 잘 맞힐 수 있을 거라고 생각했는데, 막 상 들어보니 정말 못 맞히겠어요."

아이들에게 설명해줬다.

"그게 바로 어리석음의 첫 번째 조건인 '자기 중심성'이란다. '자 기'라는 프레임에 갇힌 우리는 우리의 의사 전달이 항상 정확하고 객관적이라고 믿게 되지. 우리가 생각하고 말하는 것, 글과 문자 메 시지 등은 우리 자신의 프레임 속에서만 명확할 뿐, 다른 사람의 프 레임에서 보면 정말 애매한 경우가 많지. 이런 의사 불통으로 인해 생겨나는 오해와 갈등에 대해 사람들은 상대방의 무감각, 무능력, 배려 없음을 탓하지. 너희들이 티격태격하는 이유도 바로 이런 자기 중심성이라는 프레임을 갖고 대화하고 행동하기 때문이야. 그렇게 생각하지 않니?"

"네, 그래요!"

"그래서 아빠가 늘 강조하는 게 뭐지?"

"See the unseen이요."

우리는 최인철 교수의 《프레임》이라는 책 속에 있는 내용을 토대 로 대화를 계속했다.

"너희는 서로 간에 대할 때 '형은 원래 저래', '동생은 늘 그래',

이렇게 생각하지? 그런데 이 프레임이라는 게 두 가지가 있는데, 하나는 '사람 프레임', 또 하나는 '상황 프레임'이야."

"그게 뭐예요?"

"사람 프레임이라는 것은 어떤 사람이 말하고 행동하는 것이 그 사람 자체 프레임의 결과로 생각하는 것이지. 예를 들어 선행을 베푼 사람을 우리가 바라볼 때 '저 사람은 원래 착한 사람이니까 어떤 상황에서도 착한 행동을 할 거야'라고 생각하고, 범행을 저지른 사람을 바라볼 때 '저 사람은 원래 나쁜 사람이니까 다른 곳에서도 나쁜 짓을 할 거야'라고 단정 짓는 것과 같. 물론 각 사람은 내면의 틀(프레임) 중심으로 생각하고 행동하기 때문에 맞는 말이기도 하지만, 의외로 사람의 행동은 그가 처한 상황에 의해서도 결정되기 때문에 '상황 프레임'을 늘 고려해야 해. 이게 아빠가 알려주고 싶은 거야. 지금까지 아빠의 말이 이해되니?"

"네!"

"안타까운 것은 세상 사람들은 대부분 '사람 프레임'으로 세상을 바라본다는 점이지. 이렇게 상황을 고려하지 않고 사람 프레임만을 고집하며 바라보게 되면 인간관계에서 서로에 대한 오해는 계속되고, 결국 우리는 정확하지 않은 눈으로 세상을 보게 될 거야. 너희도 마찬가지야. 즉 서로를 사람 프레임으로 바라보고 해석하기 때문에 다툼이 지속되는 거지. 그래서 원동연 박사님께서 뭘 중요하게 생각하셨지?"

"건강한 지식의 틀(프레임), 내면의 틀이요."

"그렇지. 너희가 상황 프레임을 아는 게 굉장히 중요해. 너희는 서로에게 하는 행동이 불만일 때 다투는데, 그 사람 프레임 때문에 나에게 피해를 준다고만 생각할 거야. 그런데 상대방의 그런 행동이 나라는 '상황 프레임' 때문에 발생한 거라면 어떨까?"

"음……."

"쉽게 말해 원래 그런 형이 아닌데, 내가 하는 어떤 행동이 형에게 상황 프레임으로 작용해서 전혀 다른 행동을 유발하게 했다는 사실이지. 상황 프레임이 얼마나 무서운지 알려주는 가슴 아픈 사건이 세상엔 너무 많아. 너희들 대구 지하철 화재 참사 이야기 들어봤지?"

"네!"

"그때 당시 사진이나 영상을 보면 객차 안에 이미 연기가 자욱하게 차 있음을 알 수 있는데, 대부분 사람이 별다른 동요를 보이지 않았어. 왜 그랬을까? 만약 그 열차에 너희 둘끼리만 있었다면 어떻게 반응했을까?"

"그 현장을 피했을 거예요."

"그래. 그게 너희들의 위기 상황에서의 사람 프레임이지. 그런데 사람이 수백 명 있는데, 그들이 아무렇지도 않게 앉아 있다면 너희들은 어떻게 반응할래?"

"사람들 반응을 보면서 머뭇거릴 것 같아요."

"실제로 심리학적으로도 많은 사람이 그런 현장 속에서 불안해 하면서도 주변 사람들을 보며 안심했다는 것을 여러 실험을 통해 입증했지. 이런 현상을 이전에 아빠가 《설득의 심리학》 책을 통해 가르쳐준 게 있는데……."

"아! 사회적 증거의 법칙이요."

"그래, 잘 아네! 만약에 지하철 화재 현장에서 사람들이 인간의 행동에 영향을 주는 상황의 힘을 제대로 알고 있었다면 조금이라도 피해가 줄었겠지? 만약 너희가 세상을 살다가 그런 일들을 마주할 때 오늘 교훈을 절대 잊지 말고 지혜롭게 행동하거라."

"네!"

"상황 프레임에 대한 중요한 실험 이야기를 해줄게. 미국 미네소타대 연구팀에서 한 실험인데, 한 그룹의 남성들에게 매력적인 여성의 사진을 보여주고, 이 여성과 전화상으로 짧은 대화를 나누게 했어. 그리고 다른 그룹의 남성들에게는 매력적이지 않은 여성의 사진을 보여주고, 그 여성과 전화상으로 짧은 대화를 나누게 했지. 연구자들은 전화 통화 내용을 전부 녹음한 후 그중 여성의 대화 내용만을 뽑아 제삼자에게 들려주면서 해당 여성이 얼마나 다정다감한지, 얼마나 사교성이 좋은지 등을 평가하게 했지. 결과는 우리가 예상한 대로('예쁜 여자는 성격도 좋을 거야'라는 프레임) 매력적인 여성의 사진을 보고 통화한 내용을 들은 사람들의 평가가 훨씬 긍정적이었지. 그런데 놀라운 사실은 이 실험에서 사용된 사진은 실제 통화 대상의 사진이 아니었어. 따라서 전화 매너가 좋았던 여성이 실제로 예뻤던 것이 아니었다는 것이지. 나중에 통화 내용 전체를 분석해봤는데, 이 모든 일을 만들어낸 것은 통화 전에 사진을 본 남성들의 '기대'였어. 예쁠 거라 생각한 남성들은 첫마디부터 부드럽고 상냥했고, 예쁘지 않을 거라 생각한 남성들은 첫마디부터 매끄럽지 못하고 퉁명스러웠지. 너희들이 후자 상황에서 전화를 받는 여성 입장이라면 어떻겠니?"

"기분 나쁠 것 같아요."

"그렇지. 아무리 성품이 좋은 사람도 첫마디부터 이유 없이 퉁퉁거리면 자신도 고운 말이 나오기가 쉽지 않겠지? 이 말은 여성의 행동은 여성의 성품이 아니라 바로 남성의 행동에서 비롯되었다는 것이지. 그래서 너희들이 서로를 대할 때 항상 이것을 기억해주면 좋겠어. 내가 바로 형 또는 동생에게 '상황 프레임'이 될 수 있다. 오케이?"

"네!"

"《프레임》이라는 책에 이런 말이 나와. '우리가 가지고 있는 신념과 기대는 먼저 우리의 행동을 바꾼다. 그리고 우리의 행동은 그에 반응하는 타인의 행동을 바꾼다', '다른 사람에 대하여 가지고 있는 내 선입견이 먼저 내 행동을 바꾸고, 그 행동이 타인의 행동을 바꾸는 이 위험한 순환을 인식할수록 우리는 지혜로워질 것이다'. 이게 바로 우리가 상황 프레임을 가져야 하는 이유란다!"

이 시간 이후로 비니하니는 형제 간에 일어나는 갈등이 상황으로 주어졌을 때 자기 자신이 상황 프레임이 될 수 있다는 사실을 인지하고 먼저 자기 자신을 직면하려 노력한다. 그러다 보니 내면으로부터의 갈등을 스스로 최소화하고, 이것이 얼마나 자신의 인생에 가치 있는 일인지 알게 되면서 더욱 우애 좋고 인성 좋은 형제로 다듬어 지고 있다.

자녀가 탁월한 인성을 바탕으로 가장 아름답고 행복한 풍경을 향 유하는 삶을 살기 원한다면 최상의 창(프레임)을 가질 수 있도록 적 극 도와주기 바란다. 지금부터 내 아이의 프레임을 리프레임하자. 부모의 자녀 교육 프레임을 리프레임하자.

마치는 말

드넓은 바다에 커다란 빙산이 있다. 그러나 수면 위 보이는 부분은 아주 작은 일부분이다. 그 빙산의 대부분은 우리 눈에 보이지 않는다.

자녀 교육도 빙산과 같다. 자녀에게 벌어지는 표면적인 상황만으로 부모는 자녀를 판단해서는 안 된다. 보이지 않는 부분이 많다. 이에 대해서는 측정 기준이나 모형, 데이터를 갖지 못하기에 당연히 잘 알지 못한다. 보이지 않는 부분을 보기 위해서는 영감, 감정 그리고 진짜 사랑이 필요하다. 성적을 올리기 위해 일타강사를 찾고, 줄 서서 접수해야 하는 학원에 보내고, 스마트폰 중독을 고치기 위해 심리치료를 시키는 등 자녀를 위해 노력하는 부모는 많다. 그러나 이러한 노력은 빙산의 일각만 보고 선택하는 것이다. 자녀의 깊은 곳 커다란 빙산의 실체와 직면하려고 노력해야 한다.

미래학자들은 4차 산업혁명 시대 인재에게 필요한 능력으로 상황맥락 지능, 정서 지능, 영감 지능, 신체 지능 등을 꼽는다. 상황맥락 지능은 새로운 동향을 예측하고 단편적 사실에서 결과를 도출해 내는 능력과 자발성이다. 정서 지능은 끊임없이 빠르게 변하는 세상에 능동적으로 대처하는 지능이다. 영감 지능은 의미와 목적에 대해 끊임없이 탐구하는 능력이다. 신체 지능은 개인의 건강과 행복을 가꾸고 함양하는 능력이다. 이 네 가지 미래 핵심 역량이 우리의 자녀에게는 있다. 그것이 빙산이다. 이 빙산을 찾기 위해 창의성, 인성, 감성 교육에 더 신경 써야 한다.

나는 비니하니를 15년 동안 키우면서 성적보다 창의성, 인성, 감성을 키워주는 것에 더 초점을 맞췄다. 주변에서 학원 안 보내 아이를 망치는 것 아니냐고 걱정할 만큼 사교육에는 신경 쓰지 않았다. 인생 비전과 사명을 찾으면 자기 주도적 삶을 살 수 있게 될 것이고, 그렇게 된다면 적어도 비전과 일치하는, 자기가 원하는 일을 능동적으로 하면서 행복한 삶을 살 수 있을 거라 확신했다. 그래서 무엇보다 소통과 유대감을 위해 최선의 노력을 다했다.

글을 쓰는 동안 교육의 본질과 미래사회에 관한 공부를 더 많이 할 수 있었다. 동시에 비니하니를 양육했던 지난 15년 삶을 차분히 돌아보는 시간도 가졌다. 놀라운 점은 15년 전 이런 미래 사회를 전혀 예상하지 못한 채 아내와 함께 자녀 교육의 목적과 우선순위를 정하고 삶으로 실천했던 요소들이 하나같이 미래 인재 역량을 키워주는 원동력이 되었다는 사실이다.

최근 코로나 19로 온라인 교육에 관한 관점이 많이 바뀌었다. 이제는 온·오프 믹스된 하이브리드형 교육이 더 효율적이라는 사실을 알게 되었다. 그런데 많은 부모들이 코로나로 인해 집 안에서 종일 뒹굴뒹굴하는 모습이 꼴 보기 싫다며 빨리 등교 수업하기만을 기다리고 있다. 과연 그것이 근본적인 해결책이라고 생각하는지 묻고 싶다. 아이들이 인성을 갖추고 자기 주도를 하기 원한다면 오히려 이 시국이 황금 같은 기회가 될 것이다. 부모가 적극적으로 가정교육과 인성 교육을 실시할 수 있는 기회이다.

비니하니는 코로나 19 바이러스 발생 전과 후의 생활 방식이 변화가 없다. 오히려 집 안에서 가족과 함께 있는 시간이 많아지면서 더 많이 웃고, 더 많이 대화한다. 관심 있는 분야에 더 집중해서 공부할 수 있는 해피타임을 누리고 있다. 미래 사회 교육 패러다임의 변화를 마주한 부모들이 불안해할 때 우리 부부는 그 어느 때보다도 평안함을 누리고 있다.

이 책을 통해 우리 부부가 경험한 자녀 교육에 관한 이야기를 다양한 관점으로 풀어나갔다. 부모나 아이 모두 개성을 가진 존재이고, 각 가정의 상황이 모두 다르기에 이 책에 실린 내용이 잘 적용될 수도, 그렇지 않을 수도 있다. 하지만 이 세 가지만큼은 잊지 말았으면 좋겠다.

첫째, 자녀 교육의 시작과 끝은 바로 가정이다.

내 자녀가 창의적이고 행복한 리더로 서기를 원한다면 주입식 공부법은 이제 그만두라고 말하고 싶다. 할 수만 있다면 자유로운 환경 속에서 스스로 창조적으로 생각하면서 살아갈 수 있도록 이끌어주라고 말하고 싶다. 그 환경 요소 중 가장 기본이 되는 공간이 바로 가정이다.

둘째, 부모가 자녀 교육의 목적을 명확히 하고 공유해야 한다.

나를 찾아오는 부모들에게 자녀 교육의 목적이 뭔지 물어보면 열에 아홉은 대답을 잘 못한다. 그나마 대답하는 부모는 부부간에 서로 목적이 다르다. 쉽게 말해 그런 부부는 거대한 급류를 헤쳐나가야 하는데 서로 다른 방향으로 노를 젓고 있는 것이라 할 수 있다. 그것도 아주 열심히. 결국, 부모가 윤형방황(輪形彷徨)을 하고 있으니 같은 배를 타고 있는 자녀들도 방황할 수밖에 없다. 부부가 같은 방향으로 노를 저어야 한다. 함께 자녀 교육의 목적을 명확히 하면 거센 파도가 밀려와도 좌초되지 않고 멋진 항해를 해나갈 수 있을 것이다.

셋째, 무엇보다 중요한 것은 소통과 유대감이다.

세계적으로 탁월한 인재를 많이 배출하는 유대인 가정에서 우리가 배우고 당장 적용해야 할 부분이 있다면 바로 소통과 유대감이다. 소통과 유대감은 일단 눈에 보이지 않고, 그것이 이루어지는 데시간이 오래 걸린다. 때문에 많은 대한민국 부모들이 바쁘고 피곤하다는 핑계로 소통과 유대감을 포기한 채 자녀를 위탁 교육하는 것으로써 자녀 교육의 책임을 다한다고 생각한다. 하지만 그들의 확신은 자녀가 중학교에 진학하면서부터 여지없이 무너진다. 아이의 신체적, 심리적, 감정적, 영적 능력을 결정짓는 두뇌 발달에 최소한 한 명 이상 어른과의 안정적인 유대감이 결정적인 역할을 한다는 연구 결과들이 무수히 많음에도 대부분 부모는 이 사실을 제대로 인지하지 못한 채 아이들을 양육한다. 그러다 어느 순간 이런 능력들을 발휘하지 못하는 자녀와 마주치게 된다. 그 순간 자녀는 중학교 교복을 입고 있을 확률이 높다.

부모에게 가장 중요한 일은 자녀와 건강하고 강한 유대를 맺고, 그것을 유지하는 것이다. 내가 15년간 소통과 유대감을 유지해온 결과는 실로 놀라웠다. 노벨상 수상자뿐 아니라 탁월한 인재를 많이 배출하기로 유명한 유대인 가정에서 왜 2,000년 동안 유대감을 최우선순위로 지키려고 노력했는지 이제는 충분히 공감한다.

이 책이 자녀 교육의 명쾌한 해답을 주는 책이기를 원하지만 절대 그럴 수 없다는 사실을 알고 있다. 우리 부부의 자녀 교육 이야기는 어김없이 3:4:3 법칙의 적용을 받으리라 생각한다. 하지만 자녀 교육으로 고민하는 가정 중 단 한 가정에게라도 조금이나마 도움이 될 수 있다면 더 바랄 것 없다. 한 가정만 있다면, 그 가정이 나비효과를 일으켜 언젠가 대한민국 모든 가정이 명품 가정이 되는 날이 오리라 믿는다.

자기주도 교육으로 체인지하라!

초판 1쇄 발행 _ 2020년 11월 10일
초판 2쇄 발행 _ 2021년 1월 30일

지은이 _ 심현진

펴낸곳 _ 바이북스
펴낸이 _ 윤옥초
책임편집 _ 김태윤
책임디자인 _ 이민영

ISBN _ 979-11-5877-204-8 03370

등록 _ 2005. 7. 12 | 제 313-2005-000148호

서울시 영등포구 선유로49길 23 아이에스비즈타워2차 1005호
편집 02)333-0812 | **마케팅** 02)333-9918 | **팩스** 02)333-9960
이메일 postmaster@bybooks.co.kr
홈페이지 www.bybooks.co.kr

책값은 뒤표지에 있습니다.

책으로 아름다운 세상을 만듭니다. — 바이북스

미래를 함께 꿈꿀 작가님의 참신한 아이디어나 원고를 기다립니다.
이메일로 접수한 원고는 검토 후 연락드리겠습니다.